직업교육인문학

직업교육 인문학

폴리텍, 산업과 교육의 길목에서

사람과 미래를 잇다

강영환

참인의 세계로 초대합니다

'참됨은 나의 길Veritas Via Mea.' 짧지만 깊은 이 문장은 한국폴리텍대학이 걸어온 길의 이정표이자 앞으로 열어갈 미래의 선언입니다. 참됨은 학생의 손끝에서 땀으로 스며드는 성실함이고, 산업 현장에서 세대를 이어 다져온 기술인의 숨결입니다. 폴리텍의 교정과 실습장의 풍경은 모두 이 참됨이라는 뿌리 위에서 맺은 열매입니다.

〈직업교육인문학〉—이 책은 인문학자의 시각으로 그 참됨의 이야기를 그려갑니다. 저자는 낯설지도 모를 직업교육의 현장에서 캠퍼스의 풍경과 강의실, 실습장에서 분투하는 학생들의 눈빛, 대학을 지탱한 교직원들의 손길, 지역과 함께한 약속을 진솔한 언어로 펼쳐갑니다. 짧은 수필처럼 읽히지만 이 안에는 시대를 넘어 이어질 비전이 흐르고 있습니다. 생활의 호흡으로 써 내려간 기록이야말로 한국폴리텍대학이 왜 '국민의 일자리 대학'이어야 하는지를 증명합니다.

오늘 우리는 인구구조 변화와 기술혁신이라는 거대한 파도 앞에 서 있습니다. 출생률 저하와 고령화, AI·로봇·반도체·바이오로 대표되는 신산업의 급성장은 직업교육의 전 영역을 흔들고 있습니다. 이 책은 그 도전 앞에서 한국폴리텍대학이 걸어가야 할 길을 제시합니다. 현장의 목소리를 존중하고, 지역과 손을 맞잡으며, 평생직업교육으로 나아가는 과정—그 길의 중심에서도 언제나 참됨이 놓여있음을 다시 확인하게 됩니다.

저자는 학장으로서의 경험을 넘어 교육의 본질에 대한 성찰을 나눕니다. 무엇이 기본인지, 왜 역사를 품어야 흔들리지 않는지, 그리고 어떻게 새로운 길을 열어야 하는지를 차분하면서도 단호하게 전합니다. 이 책을 펼치는 순간, 독자 여러분도 그 길에 동행하게 될 것입니다. 참된 교육이 어떻게 사람을 세우고, 지역을 살리며, 국가의 미래를 열어가는지를 함께 확인하게 될 것입니다.

참된 교육은 사람을 키우고, 사람은 다시 산업을 일으킵니다. 그 순환 속에서 한국폴리텍대학은 국가대표로서 제 몫을 다해왔습니다. 이 책이 전하는 이야기는 그 과정의 증언이자, 다가올 길에 대한 초대장입니다. '참인'의 정신을 따라 걷는 발걸음이 곧 우리 사회의 희망이 되고, 내일의 경쟁력이 될 것입니다.

한국폴리텍대학 이사장 이철수

산업과 교육의 길목에서

이 책은 화려한 성공담을 자랑하려고 쓰지 않았습니다. 또한 거대한 담론을 설명하려는 것도 아닙니다. 그저 이곳, 산업과 교육이 만나는 길목에서 사람과 사람이 스쳐 가는 작은 교정의 이야기를 담고 싶었습니다. 누군가에게는 새로운 출발의 설렘, 누군가에게는 두려움과 도전, 또 누군가에게는 그저 평범한 하루였을지 모릅니다. 하지만 그 하루들이 모여 내일을 바꾸고, 인생을 흔듭니다.

교정에서 불어오는 바람, 기숙사 창으로 스며드는 빛, 작업복을 입은 학생들의 웃음소리. 그 작은 풍경 속에는 땀과 열정, 배움의 숨결이 있습니다. 나는 그 순간들을 담백하게 기록하고 싶었습니다. 때로는 사색적으로, 때로는 솔직하게, 그 속에 담긴 희망과 사람의 온기를 온전히 전하고 싶었습니다. 그게 매일같이 글을 쓰는 학장의 소명이라 믿었습니다.

이 기록은 우선 한국폴리텍대학 화성캠퍼스의 이야기로 시작합니다. 그러나 이야기는 여기서 머물지 않을 것입니다. 화성의 교정을 넘어 방방곡곡 화성폴리텍대학 전체의 풍경을 담은 여정으로 이어질 날이 올지도 모르겠습니다. 이 작은 책은 그래서 첫걸음에 불과합니다. 길은 늘 이어지고, 배움은 멈추지 않으니까요.

그리고 스스로에게, 또 누군가에게 계속 묻습니다. "산업과 교육의 길목에서 우리는 어떤 길을 설계해 나가야 할까?" 이 책이 기록한 작은 풍경과 목소리들이 언젠가 더 큰 산업과 교육의 지도를 그리는 윤활유가 되기를 바랍니다.

진심으로 고맙습니다. 책의 여정을 지켜봐 주신 한국폴리텍대학 이철수 이사장님과 임직원 여러분께 감사드립니다. 또 함께 책 이야기를 만들어간 화성캠퍼스의 임병철·윤태환·이상찬 처장님과 교직원들께 깊이 고맙습니다. 그리고 끝까지 나와 함께 걸어준 나의 벗, '참비동생'에게 진심으로 고마움을 전합니다.

한국폴리텍대학 화성캠퍼스 학장 강영환

직업교육
인문학

1
새로운 시작을 여는 교정 _ 15

2
캠퍼스를 물들이는 일곱 빛깔의 열정 _ 35

정식명칭은 한국폴리텍대학이고 나의 근무지는 한국폴리텍대학 화성캠퍼스입니다.
이하 책에서의 명칭은 한국폴리텍대학은 '폴리텍'으로, 한국폴리텍대학 화성캠퍼스는 '캠퍼스'로 약칭합니다.

1

새로운
시작을
여는
교정

,

학교의 시간은 사계절을 닮았습니다.
봄이면 교정은 새로운 얼굴들로 설레고,
여름에는 땀방울이 반짝입니다.
가을은 다시 도전의 계절이 되고,
겨울 끝자락에는 누군가 수료증을 들고
새로운 길로 나아갑니다.
나는 그 장면마다 학장으로, 때로는 부모의 심정으로
서 있었습니다.
입학식에서 떨리는 목소리로 선서를 읽는 청년,
수료식에서 어느덧 손에 힘이 들어간 신중년의 미소,
교정에서 만나는 수많은 얼굴들.
그 순간들은 반복되지만 결코 같지 않았습니다.
사람들은 학교를 '지식의 창고'라 부릅니다.
하지만 폴리텍은 그 이상입니다.
여기는 누군가의 첫 사회 진출의 관문이고,
또 누군가의 인생 2막이 시작되는 무대입니다.
입학식은 학기의 시작이 아닙니다.
인생의 새로운 장을 여는 선언입니다.
수료식은 끝이 아니라, 다시 세상으로 나아가는
문門입니다.

나는 늘 스스로에게 묻습니다.
"학생들에게 교과과정만 제공하는 것은 아닌가?
그들의 시간과 땀을,
그들의 이야기를 어떻게 기억하고 있는가?"
그 답은 언제나 현장에 있습니다.
봄 햇살 아래 선 신입생의 표정에서,
여름 실습장에서 반짝이는 땀방울에서,
가을의 차가운 바람을 맞으며
다시 연장을 잡은 신중년의 눈빛에서,
겨울 끝자락, 가족과 함께 웃고 우는 그 순간에서.
그 모든 것이 학교의 역사이고,
내가 학장으로 서 있는 이유입니다.
이제, 그 장면들을 하나하나 늘어놓습니다.
입학과 수료, 그리고 새로운 시작의 풍경들.
그 장면들이 내게 남긴 울림은 결코 작지 않았습니다.

스무 살과 쉰 살, 같은 출발선에서 ________________

3월의 교정은 언제나 유난히 활기가 넘칩니다.

겨우내 비어 있던 강당과 실습실이 다시 채워지는 순간,

캠퍼스는 긴 숨을 고르고 활짝 기지개를 켭니다.

입학식 날, 작업복 차림으로 모여든 학생들의 얼굴을

바라보면, 저도 모르게 가슴이 뭉클해집니다.

강당에 빽빽하게 들어찬 신입생들 앞에 설 때,

나는 늘 같은 긴장을 느낍니다.

어떤 말로 이들의 시작을 열어야 할까?

그 순간, 교과서도 훈시도 내려놓습니다.

대신 마음속 깊은 곳에서 우러난 말을 꺼냅니다.

"폴리텍은 화려한 학교가 아닙니다. 하지만 이곳에는

수많은 선배들의 발자취와 산업 현장을 묵묵히 지켜온 선생님들의

시간이 있습니다."

그리고 말을 이어갑니다.

"여러분의 꿈은 결코 도망가지 않습니다.

도망가는 건 언제나 우리 자신일 뿐입니다."

꿈이라는 단어를 건네는 순간 강당 안의 공기는 달라집니다.

누군가는 눈빛이 반짝이고, 누군가는 살짝 고개를 끄덕입니다.

그 모습은 내 아이들을 바라보는 것처럼 애틋합니다.

여름에도 가을에도 폴리텍엔 수시로 입학식이 열립니다.

신중년특화과정의 중장년들이나 여성재취업과정의 주부들,

그리고 산학협력처를 이용하는 다양한 과정의 근로자들이 모입니다.

서로 "형님"이라 부르며 웃는 쉰 살, 예순 살 동기들.

삶의 무게가 묻은 어깨 위에 빛나는 건 새로운 배움에 대한 열망입니다.

봄의 스무 살도 가을의 쉰 살도.

나이도, 배경도 다르지만, 이곳에서는 모두 똑같은 새내기입니다.

그 모습에서 나는 깨닫습니다.

배움 앞에서 우리는 모두 같은 출발선에 섭니다.

그래서 나는 늘 선장의 마음으로 이 자리에 섭니다.

배움의 바다는 넓고 항해는 쉽지 않습니다.

하지만 이 배가 끝까지 나아갈 수 있도록,

누구도 포기하지 않도록,

나는 방향을 잡아주어야 합니다.

스무 살과 쉰 살이 나란히 걷는 교정.

그 풍경이야말로 폴리텍이 지닌 가장 특별한 이야기입니다.

그리고 내가 학장으로서 가장 자랑스러워하는 순간입니다.

밥 한 끼에 담긴 행복

수료식이 끝나면 마음 한쪽이 허전해집니다.

학생들이 들뜬 얼굴로 수료증을 받아 들고,

교정 곳곳에서 사진을 찍으며 웃음꽃을 피울 때도

나는 늘 뒤편에서 '이제 또 한 무리를 보내는구나'하는 생각을 합니다.

함께 보낸 10개월, 그 무게가 절대 가볍지 않기 때문입니다.

어느 날, 전기과 교수님들과 캠퍼스 인근의 작은 식당에

저녁 식사 차 들른 적이 있습니다.

수료식이 끝난 날이었습니다.

테이블에 둘러앉아 이야기를 나누는데,

스무 살 후반쯤 보이는 청년이 먼저 인사를 건넸습니다.

알고 보니 바로 그날 수료장을 받은 학생이었습니다.

식당 맞은편에는 그 학생의 가족이 앉아 있었습니다.

작은 케이크와 꽃다발이 놓여 있었습니다.

화려한 잔칫상은 아니었지만, 그 자리에는 진심이 있었습니다.

자식이 과정을 마치고 취업이라는 길목 앞에 섰다는 사실,

그것이 부모에게는 더없는 선물이었겠지요.

식사가 끝나고 계산하려는데 식당 주인이 웃으며 말했습니다.

"이미 저쪽에서 다 계산하셨어요."

순간 가슴이 뭉클했습니다.

작은 밥값이었지만, 그 속에 담긴 마음은 크고 깊었습니다.

부모는 아마 생각했을 겁니다.

"이제는 이 아이가 약속을 지켰구나."

학교에 다니는 동안 얼마나 많은 걱정을 했었을까요?

"또 포기하지는 않을까?, 끝까지 할 수 있을까?"

그러나 오늘, 아들은 끝내 해냈습니다.

그 사실이 부모에게는 눈물겹도록 고마웠을 겁니다.

그날 집으로 돌아오는 길에 오래 생각이 이어졌습니다.

학교가 내어준 것은 수료증 한 장이었을지 모릅니다.

그러나 그 종이는 누군가의 가정에서는 축복이었고,

부모의 눈물이었고, 자식의 새로운 출발이었습니다.

나는 깨달았습니다.

수료식은 단순한 절차가 아니라, 인생의 기념일이 된다는 것을.

그래서 나는 다짐했습니다.

캠퍼스의 수료식을 결코 형식으로 흘려보내지 않겠다고.

누군가의 밥 한 끼에 담길 만큼

따뜻한 순간이 되도록,

작은 말 한마디라도

진심을 다해 전하겠다고.

아버지와 아들

다른 대학교 캠퍼스라면 보기 어려운 풍경일 것입니다.

아버지와 아들이 같은 시간, 같은 공간에서

'학생'이라는 이름으로 나란히 서 있는 모습 말입니다.

아버지는 수십 년간 생업에 매달려왔습니다.

가족을 위해 발로 뛰고, 일터로 향하는 발걸음이 그의 일상이었습니다.

하지만 마음 한켠에는 언제나 배움의 갈증이 있었습니다.

그 갈증을 채우기 위해 그는 용기를 내어 폴리텍의

문을 두드렸습니다.

한편 아들은 아직 청년입니다. 빠르게 변하는 기술의

시대에 발을 딛기 위해, 마침내 자신이 걸어야 할 길을

찾고자 아버지와 같은 선택을 했습니다.

두 사람은 강의실에 나란히 앉아서 필기를 했습니다.

이따금 서로의 노트를 슬쩍 보며 웃기도 했습니다.

기숙사 생활을 하며 저녁마다 시험공부를 함께하고,

불을 끄기 전까지 서로 문제를 내주며 토론하는 모습은 '동기'이자 '가족'

의 특별한 풍경이었습니다.

아버지는 오랜만에 교과서를 붙들고 씨름하느라 힘들었을 것입니다.

그러나 옆자리에 앉은 아들이 묵묵히 함께하는 모습은
그 어떤 격려보다 큰 힘이 되었을 것입니다.
아들은 또 어떨까요? 버거운 실습을 앞두고도
아버지가 같은 장비 앞에서 땀을 흘리는 모습을 보며
쉽게 포기할 수 없었을 것입니다.

나는 이 캠퍼스 부자父子의 이야기를 들으며 다시 생각했습니다.

학교는 나이를 기준으로 줄 세우는 곳이 아니구나, 하는 생각.

배움 앞에서는 모두가 똑같은 새내기라는 생각.

교정에 들어서는 순간, 나이는 잠시 벗어놓고 같은 출발선에 섭니다.

특히 폴리텍은 그런 만남이 가능한 곳입니다.

산업 현장에서 평생 몸을 움직인 이도, 사회에 첫발을 내딛는 청년도,

같은 교실에서 같은 교재로 배웁니다.

그 장면은 이 학교가 가진 힘이자 자부심입니다.

수료식 날, 아버지와 아들이 같은 무대 위에 나란히 올랐습니다.

두 사람이 동시에 수료증을 받아 들고 서로의 어깨를 두드리던 순간,

수료식장은 따뜻한 온기로 가득합니다.

나는 그 뒷모습을 바라보며 조용히 미소 짓습니다.

그날의 장면은 단순한 졸업식이 아니라

세대와 세대를 잇는 다리가 놓이는 순간이었습니다.

폴리텍은 남학교가 아닙니다 ＿＿＿＿＿＿＿＿＿＿＿＿＿＿＿

용접을 하고, 자동차 부품을 다루고, 거대한 기계를 조립하며,
전기 회로를 만지는 일.
얼핏 들으면 폴리텍은 남자들의 전유물처럼 느껴집니다.
나 역시 이곳에 오기 전까지는 그렇게 생각했습니다.
땀 냄새가 가득한 실습장, 묵직한 장비와 거친 불꽃 속에서
여학생들을 떠올리긴 쉽지 않았으니까요.
그러나 교정을 두루 다니며 마주친 풍경은 내 예상과 달랐습니다.
작업복을 입고, 안전 장비를 갖춘 채
묵묵히 불꽃을 바라보는 여학생들의 모습.
작은 손으로 묵직한 공구를 쥐고, 거침없이 기계를 다루는 그들은
결코 '특별한 예외'가 아니었습니다.
이미 폴리텍의 당당한 주인공이었고,
미래의 산업을 짊어질 기술인이었습니다.
솔직히 말하자면 처음엔 조금 안쓰럽기도 했습니다.
외동딸을 둔 아버지이자 딸바보인 내 눈에는
고사리 같은 손을 다치지 않을까, 굳은살이 배기지 않을까
걱정이 앞섰습니다.

하지만 곧 생각을 바꿀 수밖에 없었습니다.

그 눈빛과 자세는 단순히 학생이 아니라 자신의 꿈을 향해

묵묵히 나아가는 전문인의 태도였기 때문입니다.

점심시간 카페에서 친구들과 커피를 마시며 웃는 얼굴은

또래 소녀들과 다르지 않습니다.

그러나 수업 시간, 방과 후 실습장에 서 있는 그들은

한국 산업의 미래를 떠받칠 기술의 전사들입니다.

용접기의 불꽃은 그들의 땀과 함께 새로운 가능성을 밝히고,

조립 라인의 작은 손길은 산업 현장의 커다란 톱니바퀴를 움직입니다.

폴리텍은 남학교가 아닙니다.

여기서 배우고 있는 학생들의 성별은
중요하지 않습니다.
중요한 건 그들의 땀방울이,
그리고 그 땀을 통해 만들어질
대한민국의 내일입니다.

나는 이 학생들을 보며 확신합니다.
기술은 남자의 전유물이 아니며,
미래는 누구에게나 열려 있다는 것을.

팔불출 학장의 고백

나는 늘 학생들을 자식처럼 대해야 한다고 말해왔습니다.

그런데 어느 날, 그 말이 더는 수사가 아니게 되었습니다.

나의 사위가 바로 이 교정의 학생이 되었기 때문입니다.

그는 오랫동안 산업 현장에서 땀 흘리며 일했습니다.

누구보다 손이 빠르고 책임감 있는 사람이었지만,

언젠가부터 더 큰 꿈을 품기 시작했습니다.

'새로운 기술을 제대로 배우고 싶다.'

그 갈망이 내 사위를 움직였습니다.

그리고 사위는 수많은 선택지 중 폴리텍을 택했습니다.

솔직히 나는 놀랐습니다.

세상에는 더 화려한 간판을 단 대학도 많습니다.

그런데 사위는 오히려 진짜 기술을 배우는 길을 선택했습니다.

그 순간 나는 거울 앞에 선 듯한 기분이 들었습니다.

내가 평생 걸어온 길과, 사위가 새롭게 걸어가는 길.

"어느 길이 더 값질까?"

답은 쉽게 나오지 않았습니다.

하지만 분명한 건 두 길 모두 '성장의 길'이라는 사실이었습니다.

사위가 늦깎이 나이로 교정에 들어서는 모습을 그려봅니다.

입학식 날 강당 의자에 앉아 선서를 읽는 모습,

실습장에서 기계와 씨름하며 땀 흘리는 모습.

그 모든 장면이 제 머릿속에 선명하게 다가옵니다.

그 순간 나는 학장으로서의 시선과 학부모로서의 마음이

하나로 겹쳐집니다.

나는 서울대에서 공부했고, 박사학위를 받았고,

지금은 학장으로 서 있습니다.

그런 제게 사위의 선택은 묵직한 질문을 던졌습니다.

"가르친다는 건 뭘까? 배우는 건 또 뭘까?"

나는 폴리텍이 자랑스럽습니다.

서울대학교는 나 개인의 성취일지 모릅니다.

그러나 폴리텍은 우리 가족이 다시 희망을 이어가는 자리입니다.

부모와 자식, 장인과 사위가 같은 배움의 길을 공유할 수 있는 학교,

나이와 배경을 넘어 도전할 수 있는 학교.

그 속에서 나는 학장이면서 동시에 팔불출 학부모가 됩니다.

그래서 오늘, 나는 솔직하게 말하고 싶습니다.

"나는 폴리텍 학장이면서, 팔불출 학부모다."

그 고백이 부끄럽지 않습니다.

오히려 그 고백이 내가 이 학교를 사랑하는

가장 확실한 이유가 될 것입니다.

폴리텍 학장, 학생이 되다

신중년 특화 단기과정 수료식에 참석했던
어느 날의 풍경이 아직도 생생합니다.
그 자리는 은퇴한 교사, 공직자, 직장에서 묵묵히 일하다 나온 분들로
가득했습니다.
흰머리와 주름이 깊게 자리한 얼굴이었지만,
교실 안에서 그들의 눈빛은 누구보다 맑고 진지했습니다.
자동차 엔진을 분해하고 다시 조립하는 손길.
처음엔 서툴렀지만, 곧 집중과 몰입으로 가득 찼습니다.
나는 그 순간 묘한 부끄러움과 존경심을 동시에 느꼈습니다.
이들은 평생 기술과는 거리가 있던 분들이고 은퇴 후
다시 무언가를 배우겠다고 교정을 찾은 분들입니다.
이분들은 '지금이라도 늦지 않았다'라는 의지를 품고
매일 출석한, 단순한 학생이 아니라 인생 2막의 개척자들입니다.
수료증을 받아 든 그들의 얼굴은 마치 훈장을 단 듯 빛이 납니다.
누군가는 "이게 뭐 그리 대단한가."라고 말할지 모르겠습니다.
하지만 제 눈에는 달랐습니다.
그 수료증은 단순한 종이가 아니었다.

인생 후반부의 용기와 희망이 고스란히 새겨진 증서였습니다.

그 장면을 지켜보며 내 마음에도 질문이 생겼습니다.

"나는 학장으로서 늘 가르치는 자리에만 서 있어야 할까?

누군가의 성장을 축하하는 것으로 충분한가?"

그때부터 갈망이 생겨났습니다.

"나도 다시 학생이 되었으면."

현실의 벽은 분명했습니다. 근무 시간, 책임, 처신.

그러나 마음의 불씨는 쉽게 꺼지지 않았습니다.

나는 결국 다른 길을 찾았습니다. 한국어교원 2급 과정.

폴리텍의 영역은 아니었지만, 이 과정은 나를 다시

'학생'으로 만들었습니다.

퇴근 후 피곤한 몸으로 책을 펼치고,

온라인 강의 앞에 앉아 필기를 했습니다.

제출 기한을 맞추려 밤늦게 키보드를 두드리며,

나는 오랜만에 진짜 학생이 되었습니다.

PC 안의 온라인 강의 영상, 노트 안 빼곡한 필기들.

그 순간 학장이라는 직함은 벗겨지고, 오직 '학습자'만 남았습니다.

학생들의 숨결을 가까이서 느끼니, 내가 하는 말에도

다른 울림이 생겼습니다.

"배우는 자만이 가르칠 수 있다."

그 격언이 내 몸에 새겨지는 듯했습니다.

나는 "나는 학장이면서 동시에 학생이다."라고
감히 말합니다.
언젠가 내 책상 위에 놓일 자격증은 단순한 종이가 아닐 것입니다.
그것은 배움의 결실이자, 학생들과 함께 걷는 나의 증거가 될 것입니다.
학생의 설렘과 땀을 알아야 학장의 말도 생명을 가질 것이라 믿습니다.
그 진실을 새기며 나는 오늘도 기쁘게 학생이 됩니다.

2

캠퍼스를
물들이는
일곱 빛깔의
열정

,

봄이 오면 교정은 다시 숨을 쉽니다.
새로운 얼굴들이 강당을 채우고,
실습실에 기계가 깨어나는 소리가 울립니다.
이곳은 화려한 간판보다 손끝의 기술을 중시하는 곳,
종이 졸업장보다 굳은살을 자랑하는 학교입니다.
'한국폴리텍대학 화성캠퍼스'가 그렇습니다.

교정 안에는 일곱 개의 학과가 있습니다.
스마트표면처리, 산업설비, 자동차도장, 주얼리목공예,
스마트자동차, 스마트전기, 스마트기계.
산업의 뿌리를 지키는 전통 기술에서부터,
4차 산업혁명과 맞닿은 미래 기술까지,
다양하고 깊이 있는 길이 펼쳐집니다.
그 길 위에는 다양한 사람들이 섭니다.
갓 스무 살의 청년도 있고,
새로운 2막을 준비하는 예순 살의 신중년도 있습니다.
출발선은 달라도, 목표는 하나입니다.
'배워서 내일로 간다.'

교실은 늘 긴장과 설렘으로 가득합니다.
용접봉에서 튀는 불꽃, 엔진을 분해하는 손길,
은세공을 다듬는 작업대 위의 땀방울.

그 장면 하나하나가 배움의 증거입니다.
이곳에서 길러지는 것은 단순한 기술이 아닙니다.
인내, 집중, 협업, 그리고 '내가 해낼 수 있다'는 확신입니다.

짧지만 의미 있는 특별과정도 있습니다.
기능장 과정은 이미 현장에서 경력을 쌓은 이들이
기술을 더 단단히 다지는 길입니다.
신중년 특화과정은 은퇴를 앞둔 이들이 새로운 일을
준비하는 자리입니다.
여성 재취업 과정에서는 커피 향이 은은히 풍기고,
새로운 창업의 꿈이 싹틉니다.
각 교실마다 이야기가 다르고,
그 이야기는 모두 한 방향을 향합니다.
사람을 키우는 기술, 기술을 키우는 사람.

이제, 우리는 일곱 개의 문을 하나씩 열어보려 합니다.
그 안에는 교재보다 더 값진 시간,
스펙보다 빛나는 열정이 담겨 있습니다.
그리고 그 길 끝에는
오늘보다 단단한 내일이 기다립니다.

산업을 움직이는 얇은 막

노량진에서 공무원 시험을 준비하다 길을 잃었던 한 청년이 있었습니다. 경영학을 졸업했지만 취업의 문은 쉽사리 열리지 않았습니다. 그때 그는 아버지의 권유로 우리 캠퍼스를 찾았습니다.

"기술을 배우는 게 어떻겠니." 그 말이 그의 인생을 바꾸는 첫걸음이 되었습니다. 그가 만난 곳은 스마트표면처리과였습니다. 관련 장비와 교육 과정을 제대로 갖춘 희소성이 있는 학과라는 점이 그에게는 새로운 기회로 다가왔습니다.

입학 후 그는 같은 목표를 가진 동기들과 끈끈한 유대 속에서 배우고 성장했습니다. 그의 가장 자랑스러운 순간은 한국표면처리기술경기대회였습니다. 아연도금 분야에 출전해 수많은 시행착오를 거듭한 끝에 마침내 중소벤처기업부 장관상 금상을 수상했습니다.

그는 그 과정을 돌아보며 "개인전이었지만 동료들과 함께 준비하며 아이디어를 나누었고, 협력 속에서 기술이 더 깊어진 것을 배웠다"라고 회상했습니다. 이후 그는 좋은 회사에 입사했습니다. 초봉 4,300만 원이라는 조건도 놀라웠지만, 무엇보다 자신이 선택한 기술로 사회에 기여할 수 있

다는 사실이 큰 보람이었다고 했습니다.

"현장은 늘 바쁘다. 하지만 학교에서 기본기를 익혔기에 현장에서 곧바로 인정받을 수 있었다"라는 말에서 교육의 힘을 다시 확인할 수 있었습니다.

스마트표면처리과는 이렇게 한 사람의 인생을 바꾸는 힘을 가진 학과입니다. 전임 학장님 시절부터 이어져 온 자부심, 그리고 교수들의 헌신적인 지도가 오늘의 성과를 가능하게 했습니다.

"이 얇은 막이, 산업을 움직입니다." 작은 금속판을 손에 쥘 때마다, 우리가 만드는 건 단순한 표면이 아니라 기술의 신뢰라는 것을 느낍니다. 나는 이 학과가 앞으로도 기술과 사람을 함께 길러내는 든든한 둥지가 될 것이라 믿습니다.

불꽃으로 이어지는 산업의 혈관 ________________

산업설비과

용접 불꽃이 번쩍이며 실습실 공기가 달아오릅니다. 강철을 자르고 이어 붙이는 작업 속에서 학생들은 땀과 긴장을 함께 나눕니다. 설비를 다루는 일은 단순한 기술이 아니라, 사람과 사람을 연결하는 힘이기도 합니다.

도면을 읽고 절단선을 잡고, 한 줄의 비드를 곧게 그어 구조를 완성하는 일. 한 번의 용접이 장비의 안전을 좌우한다는 사실을 우리는 몸으로 배웁니다. 이 학과의 또 다른 자랑은 단합입니다. 교수와 학생들이 정기적으로 운동장 그늘막에서 삼겹살을 굽고 식탁을 나눕니다. 학교의 다른 직원들까지 초대해 웃음이 오가는 자리에서는 서로의 벽이 허물어지고, 진짜 공동체의 온기를 느낄 수 있습니다.

"용접은 혼자 하는 기술이 아니라 팀으로 완성되는 일"이라는 교수님의 말이 식탁 위에서 더욱 실감납니다. 그 자리에서 다음 프로젝트의 안전 계획과 역할 분담이 자연스럽게 합의되곤 합니다.

산업설비과에서는 용접·배관·설치, 배관 용접자세와 비파괴검사, 기초 전기·유압, 설비 유지보수의 기본까지 두루 익힙니다. 학생들은 자격증 준비와 함께 작업 전·후 상호 점검 문화로 현장에서 바로 통하는 협업

습관을 키웁니다. 건설·플랜트·조선·에너지로 이어지는 진로의 문도 넓습니다. 불꽃 속에서만이 아니라, 함께 고기를 굽고 웃으며 나누는 자리에서 팀워크는 더 단단해집니다.

"처음 불꽃을 켰을 때, 겁이 났어요. 그런데 지금은 압니다. 그 불꽃이 단순히 철을 잇는 게 아니라, 사람들의 삶을 잇는 거라는 걸."

산업설비과는 기술과 사람, 두 가지를 동시에 다루는 학과입니다. 오늘도 실습실에서는 작은 불꽃이 세상을 움직이는 큰 에너지를 만들어 내고 있습니다.

색을 입히는 기술, 세상에 빛을 더하다 __________

자동차도장과

햇살이 비치는 창가에서, 학생들이 스프레이건을 들고 차체 위에 고운 빛을 뿌립니다. 푸른빛, 은빛, 검정의 농도가 겹겹이 쌓이며 거칠던 표면은 새 생명을 얻습니다. 도장은 단순히 색을 칠하는 일이 아닙니다. 기술이자 미학, 차를 지키는 갑옷이자 첫인상입니다. 부스의 공기 흐름을 조절하고, 마스킹과 샌딩, 컬러 매칭을 거쳐 마지막 광까지—표면 한 겹의 완성도가 곧 신뢰라는 사실을 학생들은 손끝으로 배웁니다.

한 졸업생은 이렇게 말했습니다.
"학교에서 배운 기본기가 현장에서 큰 힘이 되었습니다. 스프레이건을 다루는 법, 하도·중도·상도라는 낯선 용어들, 사고 차량 복원 시뮬레이션까지. 그 경험 덕분에 저는 기아오토큐 도장부에서 바로 투입될 수 있었습니다."
이어 "현장은 늘 바쁘기에 선배들이 신입을 처음부터 다 가르쳐줄 수 없습니다. 학교에서 미리 경험하고 나오는 게 얼마나 중요한지 몸으로 알았습니다."라는 고백에서, 기술은 곧 신뢰라는 사실을 다시 확인할 수 있었습니다.

자동차도장과에서는 10개월 동안 도장·보수·코팅·컬러 매칭을 익히며 자동차도장기능사, 건축도장, 금속도장 자격증에 도전합니다. 환경·안전 수업과 재료 특성 이해, 고객 응대의 기본도 함께 배웁니다. 그러나 진짜 성과는 자격증이 아니라, 차체 위에 남긴 한 겹의 색처럼 자신감과 자부심을 입는 데 있습니다. 오늘도 은빛으로 빛나는 차체를 바라보며 학생들은 다짐합니다. "내 손끝이 색을 입히는 것이 아니라, 사람들의 신뢰를 입히는 것이다."

자동차도장과는 오늘도 그 빛을 세상에 더하는 법을 가르칩니다.

손끝에서 태어나는 기술과 예술 ________________

망치로 은을 두드리는 소리가 실습실에 울립니다. 금속이 서서히 형태를 갖추며 하나의 작품이 되어갑니다. 작은 반지 하나에도 수십 번의 두드림과 정성이 들어갑니다.

한 학생은 땀을 닦으며 말했습니다. "이건 단순히 반지를 만드는 게 아니라, 제 시간을 새겨 넣는 작업 같아요."

옆에서 지켜보던 교수님은 고개를 끄덕이며 말했습니다. "기술은 결국 시간을 다루는 일이야. 금속에 새겨지는 건 단순한 문양이 아니라 네 삶의 흔적이지."

짧은 대화 속에서 주얼리목공예과가 가르치는 기술의 본질이 드러납니다. 이 학과에서는 귀금속과 목공예를 아우르며 디자인과 제작을 동시에 배웁니다.

은납과 소성, 세공과 사상, 세팅의 기초를 다지고, 목재 선택과 결 읽기, 표면 마감의 차이를 이해합니다. 귀금속가공기능사, 목공예기능사 자격증 준비뿐 아니라 전통기법과 현대 디자인을 연결하는 수업을 통해 학생들은 자신만의 작품세계를 펼쳐갑니다.

완성된 작품들은 학과 전시회와 캠퍼스 곳곳에 전시되어, 누구나 걸음을 멈추고 빛나는 순간을 감상할 수 있습니다.

"나뭇결을 따라 칼이 움직일 때, 이상하게 마음이 고요해져요. 작품이 아니라, 제 안의 시간을 깎는 느낌이에요."

학생들의 이 고백은 기술을 넘어서는 창작의 기쁨을 말해줍니다.

주얼리목공예과는 단순히 기능을 익히는 곳이 아니라, 시간과 정성을 담아 세상에 단 하나뿐인 아름다움을 빚어내는 공간입니다. 나는 이곳에서 학생들이 만들어내는 작은 반짝임이 결국 세상에 따뜻한 빛을 더하는 힘이 될 것이라 믿습니다.

엔진을 넘어 미래를 움직이는 기술 ____________

스마트자동차과

아침 햇살이 실습장 바닥에 번집니다. 그 빛 위에서 학생들이 분주히 움
직입니다. 자동차의 심장은 해체된 채 책상 위에 놓이고, 바퀴는 정비대
위에서 기다립니다.

"교수님, 이 차는 다시 살아나겠죠?"

"네 손끝에 달렸지."

짧은 대화 속에 이 학과의 본질이 담겨 있습니다.

자동차는 단순한 기계가 아니라 '다시 살아나는 생명', 곧 움직이는 미래
입니다. 최근 스마트자동차과 학생 20명 중 19명이 '자동차정비기사' 과정
평가형 국가기술자격 시험에 합격했습니다. 내부·외부평가를 합산해 평
균 80점 이상을 받아야 하는 까다로운 제도였지만, 학생들은 그 문턱을
힘차게 넘어섰습니다. 이런 성과는 우연이 아닙니다.

스마트자동차과는 2019년 학과 개편 이후 전기차·자율주행 등 변화하
는 기술 흐름에 맞춰 커리큘럼을 재구성했습니다. 그 결과 최근 몇 년 동
안 전국 폴리텍 250개 학과를 대상으로 한 평가에서 무려 네 차례나 1위
를 차지했습니다. 교수들의 열정, 학생들의 땀, 그리고 현장을 반영한 교

육이 함께 만든 결실입니다.

"꾸준한 교육 품질 제고를 통해 학과의 브랜드파워를 더 키우겠습니다. 지역을 넘어 전국 최고의 자동차 분야 전문 인력 양성기관으로 자리매김할 수 있도록 끝까지 노력하겠습니다." 학과장의 당찬 포부에 그 밝은 미래가 환하게 보입니다. 프로젝트 카를 두고 팀별로 진단·정비 계획을 세우고, 전장 분석과 고객 응대 시뮬레이션을 반복합니다.

전기차 안전 교육과 신기술 브리핑으로 시야를 넓히며, 학생들은 깨달아 갑니다.

우리가 다루는 것은 단순한 기계가 아니라 사람들의 삶을 실어 나르는 미래라는 것을.

흐르는 빛, 세상을 움직이는 힘 ____________________

스마트전기과

스위치를 올리는 순간, 세상은 빛납니다. 너무도 당연해 보이는 그 한 장면 뒤에는 수많은 배선과 정교한 손길이 숨어 있습니다. 실습실 안, 학생들이 전선을 잇고 회로를 점검하는 모습은 그 '숨은 기적'을 빚는 장면이었습니다.

패널 제작과 배선 규정, 차단기 선택과 접지의 원리, 기본 제어 회로를 하나씩 쌓아 올리며 보이지 않는 안전의 체계를 몸으로 익힙니다.

한 재학생은 이렇게 회상했습니다.

"처음 이곳에 왔을 땐 전기에 대해 아무것도 몰랐습니다. 그런데 교수님들이 학생 한 명, 한 명을 끝까지 지도해 주셨습니다. 넓은 실습장과 다양한 장비 덕분에 전기기능사 준비도 든든했습니다. 무엇보다 진로 고민까지 세심히 상담해 주셔서 제 길을 정할 수 있었습니다."

짧다면 짧고 길다면 긴 1년, 그는 기술적 성장뿐 아니라 인간적 성숙도 함께 배웠다고 했습니다.

스마트전기과에서는 10개월 동안 전기설비·배선·제어 기술을 배우며 전기기능사, 전기산업기사 등 자격증에 도전합니다. PLC 기초와 모터 제어, 자동화 설비의 안전까지 함께 다룹니다. 졸업생들은 전기공사업체, 자동

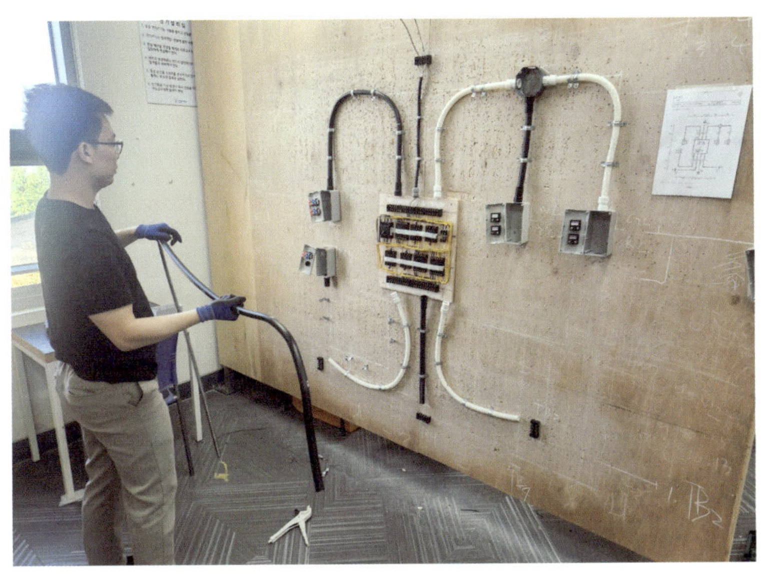

화·플랜트, 공기업 등 다양한 산업 현장으로 나아갑니다.

전기는 산업의 혈관이자, 일상의 숨결입니다. 가정의 불빛 하나, 도시의 전력망, 거대한 자동화 설비에 이르기까지―모두가 전기 기술자의 손끝에서 시작됩니다.

"내 손끝에서 불이 켜지는 순간, 세상을 조금 밝게 만들었다는 생각이 들어요." 학생의 이 말은 단순한 소감이 아니라, 교육의 본질을 말하는 증언이었습니다. 보이지 않는 전류가 흐르듯, 학생들의 배움도 세상 곳곳으로 번져나갑니다.

작은 불빛 하나가 산업을 움직이는 거대한 빛으로 확장되는 그날까지, 스마트전기과는 멈추지 않습니다.

철과 기계에 숨을 불어넣는 교실 ______________

스마트기계과

쇠를 깎고, 도면을 세우고, 기계를 돌리는 일은 단순한 반복 같지만 그 속에서 학생들은 '내일을 만드는 손길'을 익힙니다. 도면 위 선 하나가 입체로 태어날 때, 그 순간은 단순한 제작이 아니라 창조입니다.

공차를 설정하고, 공정 순서를 설계하며, 절삭과 적층을 넘나드는 선택을 배우는 시간. 작은 치수 하나가 전체 품질을 바꾸는 경험을 통해 책임이 자랍니다.

스마트기계과, 이 학과의 특징 중 하나는 활발한 소통입니다. 학생들은 실습장에서 만든 결과물을 SNS에 공유하며 서로의 성취를 응원하고, 작은 아이디어도 나누며 키워갑니다.

"빠르고 편리한 기계로 재밌는 실습을 즐겼습니다."

"3D 프린터에서 출력한 모델이 견고해서 놀랐습니다."

"직접 설계한 걸 제 손으로 만들고 싶습니다."

짧은 댓글 속에서도 배움의 즐거움과 호기심이 묻어납니다.

스마트기계과에서는 CAD·CAM과 머시닝, 3D 프린팅 자격검정 준비 과정에서 공개 도면의 시제품을 출력해 학과 내에 전시합니다. 학생들은 수시로 결과물을 보며 눈에 익히고, 프로토타입을 손에 쥔 채 피드백을 받아 다시 설계로 돌아갑니다.

그 과정을 통해 누구나 자격증 취득의 길에 다가갑니다. 서포트가 제거되기 전의 투박한 출력물조차, 그들의 눈에는 가능성으로 보입니다.
현장 이슈를 다루는 캡스톤 프로젝트에서 치구 설계와 안전을 함께 고민하고, 문제를 정의하고 해결 과정을 기록하는 습관까지 몸에 스밉니다.

이렇게 스마트기계과는 '기술의 훈련장'이자 '소통의 무대'입니다. 기계와 도면이 사람을 묶고, 댓글 하나가 또 다른 배움의 씨앗이 됩니다. 기술의 본질을 깨닫는 순간, 학생들은 압니다.
"우리가 다루는 건 쇠가 아니라, 우리의 내일이다."

3

배움의 공간을
넘어
삶의 공간으로

,

학교를 '공부하는 곳'이라 부릅니다.
하지만 캠퍼스의 하루를 걷다 보면,
그 말만으로는 부족하다는 걸 알게 됩니다.
여기서의 배움은 강의실에만 있지 않습니다.
아침을 함께하는 식당, 저녁을 품은 기숙사,
땀으로 가득한 실습장, 잠시 숨 고르는 카페.
이 모든 공간이 학생들의 하루를 떠받치고,
내일을 향한 힘을 길러줍니다.

행복관이라는 이름엔 약속이 담겨 있습니다.
'여기서 다시 시작해도 된다.'
그 한 줄의 위로가 머무는 곳이기에,
숙소를 넘어 쉼과 소통, 꿈이 자라는 둥지가 됩니다.
운동장은 건강을, 식당은 따뜻한 밥상을,
산책로는 고목의 그늘과 함께 생각의 길을 내줍니다.
꿈드림공작소에서는 아이디어가 현실로 변하고,
3D 프린터의 소리가 희망의 엔진처럼 울립니다.

캠퍼스엔 오래된 건물과 새롭게 단장한 공간이 공존합니다.
세월의 흔적이 남은 벽 위로

스마트 강의실과 디지털 실습장이 들어서 있습니다.
낡음과 새로움이 교차하는 풍경 속에서
학생들의 열정은 더욱 빛납니다.

이곳에서 배우는 것은 기술만이 아닙니다.
함께 살아가는 법, 도전하는 법,
내일을 설계하는 법도 함께 배웁니다.
그래서 캠퍼스 공간은 단순한 건물이 아닙니다.
그것은 관계를 잇는 다리이자, 사람을 키우는 토양입니다.
공간이 사람을 키웁니다.

이제 그 공간들을 하나씩 만나보려 합니다.
교육시설, 기숙사, 식당, 운동장, 카페, 꿈드림공작소,
그리고 교정의 작은 길까지-
그 공간 하나하나에 담긴 이야기를 열어보겠습니다.
그 길 끝에서 우리는 다시 깨닫게 될 겁니다.
기술보다 중요한 건, 결국 사람입니다.

행복관, 이름처럼 따뜻한 쉼터 ___________________

해가 저무는 캠퍼스. 하루 종일 실습실을 오가느라 지친 발걸음이

천천히 기숙사 '행복관'으로 향합니다.

문을 열면 반듯이 정리된 침대와 작은 책상이 가장 먼저 눈에 들어옵니다.

창가로는 주황빛 노을이 길게 드리워지고,

멀리 운동장에서 들려오는 웃음소리가 잔잔한 배경음처럼 스밉니다.

이곳은 단순한 숙소가 아닙니다.

타지에서 낯선 내일을 준비하는 청년과 중년이,

각자의 꿈을 품고 함께 살아가는 작은 공동체입니다.

밤이 깊어 가도 행복관은 쉽게 잠들지 않습니다.

누군가는 여전히 책상 위 불빛 아래 여전히 교재를 펼쳐보고 있습니다.

옆방에서는 내일 시험을 준비하는 자판 소리가 경쾌하게 울립니다.

때때로 복도를 스치는 발자국 소리, 컵라면의 향기,

"오늘 하루 어땠어?"라는 낮은 대화가 뒤섞여 하나의 풍경을 만듭니다.

포기하지 않는 누군가의 리듬, 그것이 이 기숙사의 음악입니다.

행복관은 부담 없는 내일을 위한 배려가 담겨 있습니다.

행복관의 가장 큰 선물은 이용료가 전액 무료라는 사실입니다.

경제적 부담 없이 오롯이 배우고 익히는 데 집중할 수 있도록

학교가 준비한 배려입니다.
주머니 사정을 걱정하지 않고, 마음껏 꿈을 키워나가길
바라는 간절한 마음이 담겨 있습니다.

행복관은 작지만 알찬 공간으로 운영되고 있습니다.
4층 규모, 97개실에 2백명 가까운 학생들이 생활합니다.
2인 1실로 꾸며진 방 안에는 침대, 책상, 옷장,
에어컨, 무선인터넷이 갖춰져 있습니다.

공용공간도 빠짐없이 준비되어 있습니다.
독서실에서 책장을 넘기고, 세탁실에서 하루의 먼지를 씻어내고,
체력단련실에서 땀을 흘리며 몸을 단련합니다.
러닝머신과 실내자전거가 줄지어 서 있고, 탁구대 위로는
공이 경쾌하게 튑니다.
그 리듬에 맞춰 웃음소리가 퍼지면, 하루의 피로도 잠시 잊혀집니다.
행복관은 단지 잠만 자는 공간이 아닙니다.
서로의 이야기를 나누고, 고민을 털어놓고, 내일을 설계하는
작은 거실 같은 곳입니다. 여기서 시작된 우정이 졸업 후에도 이어지고,
함께 나눈 시간이 먼 훗날 "그때가 참 좋았지"라는
추억으로 남을 것입니다.
기숙사의 문을 닫는 순간, 당신의 꿈은 이곳에서 더 깊이 자랍니다.
행복관은 공간을 넘어, 희망을 머금은 '행복'이라는
이름 그대로의 쉼터입니다.

새로움과 오래됨이 만나는 캠퍼스 교육시설 ________

캠퍼스 정문을 들어서면 두 가지 풍경이 동시에 시야에 들어옵니다.
세월의 흔적이 묻어나는 벽돌 건물, 그리고 그 옆에서 빛을 반사하는
새 건물. 낡음과 새로움이 서로 기대어 서 있는 모습은
마치 전통과 변화가 손을 맞잡고 걷는 길 같습니다.
안으로 들어서면 이야기는 더 흥미롭습니다.
오래된 건물이라 해서 고루하기만 한 건 아닙니다.
강의실엔 스마트 보드가 자리하고, 실습실에는 최신 장비가
빼곡히 들어섰습니다. 낡은 기둥과 첨단 기계가 한 공간에 공존하는
풍경은 묘한 울림을 줍니다.
과거를 딛고 미래를 가르친다는 캠퍼스의 철학이,
그 풍경에 그대로 담겨 있습니다.

어느 날 실습장을 지나던 나는 한 학생의 뒷모습을 보며 발길을 멈췄습니다.
낡은 책상 위에 회로도가 펼쳐져 있고, 그 옆에는 반짝이는 디지털 제어판이
놓여 있습니다. 학생은 땀을 훔치면서도 집중을 놓지 않습니다.
전선 하나, 나사 하나를 조심스레 만지는 손길에서
배움이란 결국 '손끝에서 완성되는 것'임을 새삼 깨닫습니다.

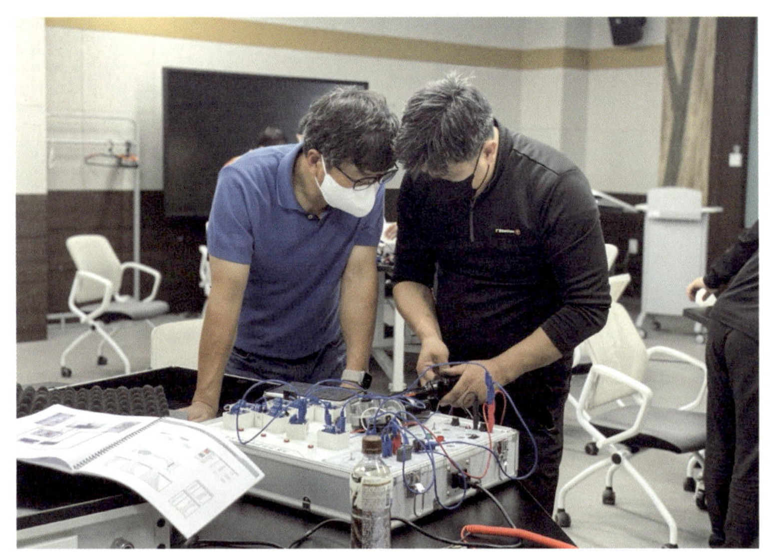

리모델링의 바람은 지금도 이어집니다. 오래된 건물엔 새로운 창이 달리고,

강의실마다 스마트 기기가 들어섭니다. 실습실은 디지털·AI 기반 장비로

조금씩 옷을 갈아입습니다. 변화는 빠르지 않지만, 멈추지 않습니다.

장소가 완벽해야 배움이 완성되는 건 아닙니다.

그러나 배움이 깊어질 환경을 만드는 건 우리의 몫입니다.

이게 우리 캠퍼스가 지키는 철학입니다.

교육시설은 단순한 벽과 책상이 아닙니다.

그것은 오래된 시간 위에 새로운 꿈을 덧입히는 화폭입니다.

그 화폭 위에서 오늘도 학생들의 내일이 선명하게 그려지고 있습니다.

꿈드림공작소, 아이디어가 현실이 되는 곳 ________

문을 열고 들어서는 순간, 기계음보다 먼저 스치는 건 설렘입니다.

반짝이는 3D 프린터, 로봇팔, 낯선 도구들이 가득하지만

이곳은 전문가만의 영역이 아닙니다.

도전하는 누구에게나 열린 놀이터, 이름도 예쁜 꿈드림공작소입니다.

이곳의 가장 큰 특징은 개방성입니다.

방학과 야간에도 문을 열어, 지역사회 누구나 기술을 체험할 수 있습니다.

중·고등학생이 첫 3D 프린터 출력물을 손에 들고 환하게 웃는 모습,

퇴직 후 새로운 길을 찾는 신중년이 로봇을 조작하며

"아직도 내가 할 수 있구나"라고 말하는 장면은

이 공간에서 낯설지 않습니다.

지난주, 나는 한 장면을 오래 기억했습니다.

60대 초반의 한 어르신이 3D 펜을 쥔 채,

옆자리 고등학생에게 이렇게 묻더군요. "이렇게 선을 그으면 되는 건가?"

"네, 천천히요. 선이 이어지면 모양이 나와요."

잠시 뒤, 작은 나비 모양이 테이블 위에 완성됐습니다. 그 순간, 두 사람은

나이를 잊고 한참을 웃었습니다.

꿈드림공작소는 이렇게 세대와 세대의 거리를 지우는

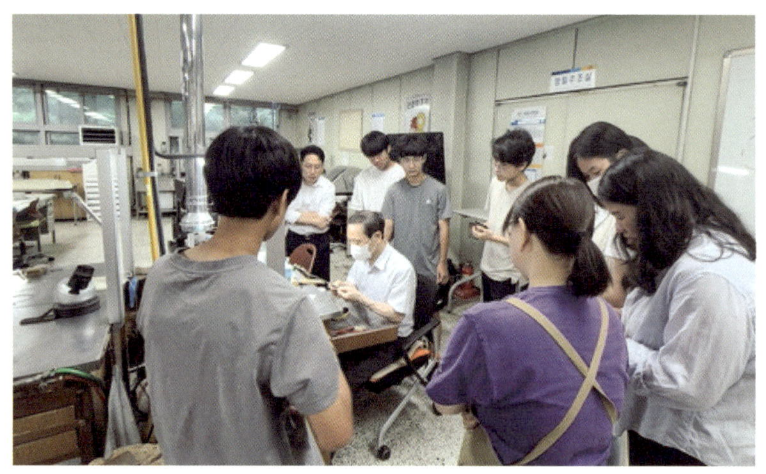

마법을 가지고 있습니다. 이곳에서의 체험은 단순한 구경이 아닙니다.

실감형 콘텐츠 부스, 로봇 시연대, 3D 프린터 작업 공간이 마련돼 있어,

머릿속에만 있던 아이디어가 실제 형태로 나타나는 과정을

손으로 느낄 수 있습니다.

버튼 하나로 움직이는 로봇, 설계한 도형이 한 겹씩 쌓여 완성되는 순간,

사람들은 같은 생각을 합니다. "아, 나도 뭔가를 만들 수 있구나."

작은 시도는 여기서 시작됩니다. 실패해도 괜찮습니다.

오히려 이곳에서는 실패가 가장 값진 배움이니까요.

꿈드림공작소는 우리의 상상이 멈추지 않도록 돕습니다.

세상을 바꾸는 변화는 어쩌면 이런 작은 도전에서

시작되는지도 모릅니다. 이제, 그 첫 번째 문이 활짝 열려 있습니다.

아이디어를 현실로 만드는 일, 꿈드림공작소에서 경험해 보세요.

운동장에서 시작하는 건강한 하루 ________________

아침 일찍 캠퍼스를 지나가다 보면 운동장을 달리는

학생들이 하나둘 눈에 띕니다. 저녁 무렵 퇴근길엔,

풋살장에 모여 공을 차는 친구들의 환한 웃음이 들립니다.

하루 종일 실습실에서 기계와 씨름하던 몸과 마음이,

이곳에서 다시 숨을 쉽니다.

운동장은 단순한 공간이 아닙니다.

이곳은 캠퍼스의 심장입니다.

두 개의 풋살형 축구장이 시원하게 펼쳐져 있고,

그 옆에는 농구 코트와 테니스 코트가 자리합니다.

친구들과 함께 땀을 흘리며 공을 차는 순간, 복잡한 고민은 사라지고

오직 공의 궤적만이 눈에 들어옵니다.

땀방울이 흘러내릴 때마다 가슴속까지 맑아지는 기분입니다.

강당으로 들어가면 또 다른 풍경이 기다립니다.

배드민턴 코트에서는 셔틀콕이 바람을 가르고,

한쪽에서는 탁구공이 탁! 탁! 경쾌한 리듬을 만듭니다.

조금만 움직여도 땀이 배어나지만,

그 땀은 피곤함이 아니라 개운함입니다.

어느 날, 배드민턴 코트에서 만난 한 학생이 말했습니다.

"학장님, 여기가 없었으면 저 아마 지쳐서 포기했을 거예요."

그 말이 오래 남았습니다.

땀은 몸만 살리는 게 아니라, 마음도 살린다는 걸 다시 배웠습니다.

하지만 캠퍼스에서 가장 멋진 운동장은 따로 있습니다.

바로 사계절의 빛깔을 담은 자연입니다.

봄이면 벚꽃이 흩날리는 길을 산책하고, 여름엔 짙은 그늘 아래서

숨을 고릅니다. 가을에는 노랗게 물든 낙엽이 발끝을 감싸고,

겨울에는 하얀 눈길을 걸으며 사색에 잠깁니다.

단순히 걷는 것 같지만, 그 시간은 몸과 마음을 동시에 단련하는
특별한 훈련입니다.
'건강한 신체에 건강한 정신이 깃든다.'
운동장은 그 말의 증거입니다.
여기서 땀 흘리고 웃는 학생들, 자연을 벗 삼아 걷는 발걸음에서,
나는 미래의 자신감을 봅니다.
캠퍼스의 운동장은 단순한 시설이 아니라,
꿈을 지탱하는 체력의 뿌리입니다.

맛있는 밥상, 그 비결은 정성입니다 _______________

후배가 학교를 찾아왔습니다.

오랜만에 만난 자리, 차 한 잔을 앞에 두고

이런저런 이야기를 나누다 보니 어느새 점심시간.

"뭐 사줄까? 일단 밖에 나갈까?"

내가 묻자, 후배가 잠시 망설입니다.

그러더니 후배는 환하게 웃으며 말합니다.

"형님, 학교밥 한 번 먹어보고 싶어요."

"에고 그래도 먼 길 왔는데 어떻게 학교 식당으로 아우님을 모시나?"

"아닙니다. 형님, 학교밥 먹을래요" 결국 함께 식당으로 향했습니다.

메뉴는 갈비탕. 김이 모락모락 피어오르는 국물에서 진한 향이 퍼집니다.

곁들여 나온 계란찜, 아삭한 나물 반찬, 그리고 숭늉 한 모금까지.

첫 숟갈을 뜨자 후배의 얼굴이 환해졌습니다.

"형님, 진짜 맛있네요."

"맛있어? 진짜 맛있긴 하지. 그런데 이거 밥값 들으면 더 놀랄걸?"

식판을 깨끗이 비우며 후배는 웃었습니다.

그 순간, 나는 새삼 깨달았습니다.

밥 한 끼가 주는 힘이 이렇게 크구나 하고요.

우리 캠퍼스 식당은 단순히 '밥을 먹는 곳'이 아닙니다.

학생들에겐 아침·점심·저녁, 세 끼가 무료로 제공됩니다.

경제적 부담을 덜어주고,

오로지 배움에만 집중할 수 있도록 마련한 배려입니다.

그 배려는 식판 위에 차곡차곡 담깁니다.

정성껏 짜인 식단, 균형 잡힌 칼로리 조절,

조리사의 손끝에서 완성되는 건강한 맛.

매일 다른 메뉴, 든든한 국과 밥, 제철 식재료로 만든 반찬들.

학생들은 "여기 밥이 제일 좋다"는 말을 자주 합니다.

큰 불만이 없다는 사실이 최고의 홍보 아닐까요?

저 역시 가능한 한 학교에서 식사를 합니다.

밖에서 비싼 돈을 들여 먹는 것보다

이곳에서 건강하게 챙겨 먹는 것이 훨씬 만족스럽기 때문입니다.

덕분에 생활 패턴도 한결 규칙적으로 바뀌었습니다.

아침은 간단히 샐러드와 과일주스로 시작하고,

점심은 학교의 따뜻한 밥상, 저녁은 가볍게 마무리.

이렇게 먹었더니 몸이 달라지고 있음을 느낍니다.

어느 날, 배식대에서 학생 한 명이 말했습니다.

"학장님, 밥이 이렇게 든든하니까 실습도 힘이 나요."

그 한마디에 나는 고개를 끄덕였습니다.

배움은 머리로만 하는 게 아니니까요.

우리 식당의 밥상에는 단순한 '맛' 이상의 가치가 담겨 있습니다.

정성, 건강, 그리고 마음의 여유.

누군가의 하루를 든든하게 채워주는 힘,

그것이 바로 캠퍼스의 밥상입니다.

밥 한 끼에서 시작된 든든함이 교실의 집중력으로,

실습의 자신감으로 이어집니다.

밥상 위에서 자라는 건 단순한 열량이 아닙니다.

꿈을 향한 힘입니다.

고목길, 시간이 머무는 산책로

수업과 수업 사이, 그리고 식사 시간이 끝나면 사람들은 자연스레
캠퍼스의 오래된 숲길을 걷습니다.
햇빛은 잎사귀 사이로 잘게 부서져 길 위에 내려앉고, 느릿한 바람은
하루의 속도를 조금 늦춥니다.
길가엔 오래된 벚나무들이 줄지어 서 있습니다.
봄이면 연둣빛 잎이 설레고,
여름엔 짙은 그늘이 어깨를 감싸며,
가을엔 황금빛 낙엽이 발끝을 부드럽게 덮습니다.
겨울이면 앙상한 가지 사이로 하얀 숨결이 피어오르죠.

벤치에는 저마다의 이야기가 앉아 있습니다.
한 학생은 이어폰을 끼고 음악을 들으며 걷습니다.
그 옆 벤치에서는 두 학생이 과제를 놓고 열띤 토론을 벌이고 있습니다.
조금 떨어진 곳, 한 교직원은 커피를 들고 천천히 걷습니다.
"이 길은 단순한 길이 아니구나."
처음 이 길을 걸었을 때 내 머릿속에 떠오른 생각입니다.
여기는 가장 조용한 교실입니다.

어느 날, 벤치 옆에서 한 학생과 마주 앉았습니다.

"수업, 힘들지 않나?"

"힘들긴 한데 재밌어요. 오늘 실습에서 센서가 드디어 반응했거든요. 조
금만 더 노력하면 더 잘 할 것도 같아요."

"그럴 땐 잠깐 걷는 게 약이지. 머리가 식을 때 답이 보이더라."

"맞아요. 여기 한 바퀴 돌고 나면 회로가 더 단순하게 보이거든요."

"점심은 어땠니?"

"식당 불고기요. 든든했어요. 저녁엔 실습실에 남아서 더 좀 해보려고요."

"좋다. 대신 밤은 너무 길게 쓰지 말고."

그 대화가 끝날 때쯤, 바람이 벚나무 사이를 스쳤습니다.

그 소리가 우리 대화의 마침표 같았습니다.

고목길은 '머무름'을 가르칩니다.

급하게 달려온 마음을 한 번 내려놓고, 다음 한 걸음을 천천히 준비하는 법.

바쁜 행정과 회의 속에서 내가 이 길을 찾는 이유도 그 때문입니다.

회의실에서는 보이지 않던 해답이 이 길 위에 놓여 있는 날이 많습니다.

학생들에게도 이 길은 숨구멍입니다.

하루 종일 엔진을 뜯고 배관을 이어 붙이느라 땀을 흘린 후,

이 길을 걷는 학생의 표정은 확연히 다릅니다.

어떤 날은 실습복 위에 묻은 쇳가루가 햇살에 반짝입니다.

그 빛을 보며 나는 생각합니다.

'이 길이 있어서 다행이다.'

강의실과 식당, 행복관과 운동장을 잇는 이 길은

캠퍼스의 보이지 않는 폐입니다.

하루의 호흡을 고르게 하는 곳, 마음의 리듬을 되찾는 곳.

여기에 머무는 잠깐의 시간이, 내일의 도전으로 이어집니다.

폴리텍의 배움은 이런 작은 호흡에서 시작됩니다.

카페, 잠깐의 쉼으로 하루의 무게를 푸는 곳 ______

점심을 마치면 나는 자연스레 이곳으로 향합니다.

따뜻한 아메리카노 한 잔, 행정처장과 마주 앉은 작은 테이블.

창가로 오후 빛이 기울면, 학교 이야기와 삶의 이야기가

자연스레 이어집니다.

"오늘 시설 점검하느라 고생 많았어요."

"직원들이 진짜 고생했죠. 문제 해결되고 나니 다들

어깨가 펴졌더라고요."

"그럴 때 커피 한 잔이 최고죠."

짧은 대화지만, 그 안에 하루의 무게가 풀립니다.

카페는 매점과 나란히 자리해 있어 더 편리합니다.

컵라면을 먹는 학생들, 아이스크림을 고르는 학생들,

실습 장갑이나 볼펜을 사러 들른 학생들이 인사를 건네면

우리는 자연스럽게 웃음으로 화답합니다.

"오늘 실습은 어땠나?"

"어려웠는데… 재밌었어요. 이제 조금 감이 오네요."

"그 재미가 오래 가야 한다. 힘들 땐 잠깐 쉬고, 다시."

이 짧은 문답 속에 학교의 온기가 배어 있습니다.

카페에는 늘 반가운 얼굴이 있습니다.

85세의 실버프로젝트노인일자리 및 사회활동지원사업 어르신을 만납니다.

허리를 깊이 숙이며 "학장님" 하고 인사하실 때마다,

나는 꼭 이렇게 답합니다.

"어르신, 정말 건강하셔서 내년도 내후년도 여기서 청소도 거드시고,

운동도 하셔야 해요."

"학장님, 고맙습니다. 학장님도 늘 건강하세요."

짧지만 깊은 안부, 그 한마디가 하루의 피로를 녹이고,

다시 마음을 다잡게 합니다.

카페의 소리는 조용하지만 생기가 있습니다.

커피 머신에서 뿜어져 나오는 증기 소리,

금속 잔이 내려앉는 작은 울림,

학생들이 과제 이야기를 나누는 낮은 목소리.

청년 카페주인장이 말합니다.

"학생들이 저 길 한 바퀴 돌고 오면, 표정이 달라져요."

"맞아요. 카페는 그 길의 끝이자 시작 같아요. 숨 고르고, 다시."

나는 이렇게 대꾸합니다.

이곳은 단순히 물건을 파는 공간이 아닙니다.

관계가 시작되고, 아이디어가 이어지고, 마음이 쉬어가는 작은 거실입니다.

커피 한 잔이 다시 도전할 힘이 되고,

짧은 만남이 긴 인연으로 자라납니다.

나는 오늘도 아메리카노를 손에 들고 창가에 앉습니다.

컵 가장자리에서 전해지는 온기처럼,

이 공간은 사람과 사람을 이어주는 따뜻한 다리입니다.

캠퍼스의 하루가 맛과 이야기로 완성되는 곳.

그곳이 바로 캠퍼스 카페입니다.

여기서 우리는 잠깐 멈추고, 다시 시작합니다.

4

함께 만드는
우리 모두의
캠퍼스

,

학교는 건물로 완성되지 않습니다.
길게 뻗은 도로도, 웅장한 정문도, 튼튼한 옹벽도
학교의 전부가 될 순 없습니다.
학교를 완성하는 것은
그 안에서 살아 숨 쉬는 사람들의 이야기와 신뢰입니다.

지난 1년 동안 나는 스스로에게 물었습니다.
"학장이 할 일은 무엇일까?" 답은 단순했습니다.
사람을 연결하고, 내일을 함께 준비하는 것.
그것이 학교 경영의 본질임을 깨달았습니다.

옆집 사장님과의 약속을 지킨 일은
단순한 토지 문제가 아니었습니다.
십 년 넘게 쌓인 신뢰의 문제였고,
지역과 학교가 함께 성장할 수 있느냐의 시험대였습니다.
그 길 끝에서 만난 것은 협력의 기쁨이었고,
함께 가야 더 멀리 간다는 진리였습니다.

기숙사 리모델링도 같은 마음에서 시작했습니다.
낡은 벽을 허물고 새 둥지를 짓는 일은 단순한 공간 정비가 아닙니다.
학생들의 꿈이 자라고, 교직원과 지역 주민이 어울리는 열린 공간.
그래서 'Re-NEST'라는 이름이 마음에 닿습니다.
다시 둥지를 틀고, 다시 날아갈 준비를 하는 곳.

안전한 캠퍼스를 만드는 일도 마찬가지입니다.
배수관 하나, 낡은 배관 하나를 고치는 일은
사소해 보여도 그 뒤에는 '사람을 지킨다'는
약속이 숨어 있습니다.
결국 우리가 바꾸려는 것은 시설이 아니라,
안심할 수 있는 배움의 환경입니다.

이제 우리는 캠퍼스의 문을 활짝 열어야 합니다.
운동장은 이미 지역에 열려 있고,
앞으로는 더 많은 문화와 교육의 공간이 나눠질 것입니다.
정문이 단순한 출입구가 아니라,
지역과 캠퍼스를 연결하는 상징이 되길 꿈꿉니다.

변화는 거창한 슬로건에서 시작되지 않습니다.
작은 약속 하나, 그리고 그 약속을 끝까지 지키는
신뢰에서 시작됩니다.
교직원과 학생, 지역사회와 우리 학교를 응원하는 모든 이들과 함께,
우리는 오늘도 그 길을 만들고 있습니다.

옆집 사장님과 옆집 학장님, 신뢰를 잇다 __________

캠퍼스와 바로 옆 회사는 십 년 넘게 이어진 갈등이 있었습니다.

땅을 맞대고 있으면서도 마음은 멀리 떨어져 있었죠.

사연은 단순했습니다. 토지 경계와 옹벽 문제. 옛날 토지구획상의 애매함이

만든 작은 틈이, 시간이 흐르며 깊은 골이 되었습니다.

회사는 십여 년간 해결을 요청했고, 학교는 매번 "곧 해결하겠습니다"라는

약속을 반복했습니다. 그러나 변화는 없었습니다.

땅의 문제가 아니라 신뢰의 문제가 되어버린 겁니다.

내가 학장으로 부임했을 때, 첫 번째로 보고받은 숙제가 바로 이 일이었습니다.

솔직히 말하면, 그 순간 생각했습니다. '사장님 속이 얼마나 탔을까.'

그래서 결심했습니다. '이 문제부터 반드시 풀자!'

담당 직원들과 머리를 맞댔습니다. 예산은 넉넉지 않았지만,

시작이 중요했습니다. 객관적이고 합리적인 방안을 마련했고,

가장 신경 쓴 건 약속을 행동으로 바꾸는 것이었습니다.

사장님을 찾아가 정중히 계획을 설명했습니다. 다행히, 사장님은

이렇게 말씀하셨습니다. "학장님, 이제야 속이 시원합니다. 같이 갑시다."

그리고 드디어, 학교와 회사는 공식 계약서를 작성하고 도장을 찍었습니다.

십 년 넘게 이어진 미해결의 그림자가 걷히는 순간이었습니다.

이제 우리의 시선은 갈등이 아니라 협력을 향합니다.

지역 발전을 위해, 제조업 진흥을 위해, 일자리 창출과 인력 양성을 위해

학교와 기업이 함께 걷기로 했습니다.

지난 7월, 계약을 마친 후 나는 처음으로 옆집 회사를

가벼운 마음으로 방문했습니다.

사장님과 마주 앉아 기업 이야기를 듣고, 저녁을 함께했습니다.

그 자리에서 나눈 말은 단순했지만 깊었습니다.

"앞으로 자주 만나서 함께 일합시다."

옆집 사장님과 옆집 학장님.

이제는 갈등을 넘어 기회의 이웃이 되었습니다.

그리고 나는 이 순간을 오래 기억할 것입니다.

왜냐하면, 내가 풀어야겠다고 마음먹은 첫 번째 숙제였기 때문에.

Re-Nest, 새로운 둥지를 짓는 이유 _______________

기숙사는 단순한 '잠자리'로 머물 수 없습니다.

학생들에게는 하루의 피곤을 풀고, 내일을 준비하는 쉼터이자,

때로는 꿈을 설계하는 작은 방이 됩니다.

하지만 지금까지의 기숙사는 그 이상의 이야기를 담기 어려웠습니다.

방은 있었지만 소통은 없었고, 머물 자리는 있었으나 함께

하는 문화는 부족했습니다.

그래서 우리는 기숙사를 새롭게 꿈꾸기 시작했습니다.

공모에서 당선된 건축사무소는 이 프로젝트에 Re-NEST새 둥지라는

이름을 붙였습니다. 좋습니다.

그 이름처럼, 이번 리모델링은 단지 낡은 공간을 고치는 일이 아닙니다.

관계와 문화를 다시 짓는 작업입니다.

새 기숙사는 개인 학습 존을 마련해, 늦은 밤에도

조용히 책을 펼칠 수 있도록 하고, 작은 토론을 위한

소통 라운지, 취미와 문화를 나누는 공간,

그리고 누구나 잠시 쉬어갈 수 있는 오픈 카페형 커뮤니티 라운지까지

계획했습니다.

벽 하나를 허무는 일에서 시작해,

마음의 벽을 허무는 공간으로 확장하려 합니다.

이 변화는 캠퍼스의 풍경을 바꾸고, 나아가 사람을 바꿀 것이라 믿습니다.

학생은 더 오래 머물고 싶어질 것이고,

교직원은 새로운 아이디어를 나누게 될 겁니다.

그리고 지역 주민도 편안히 찾을 수 있는

열린 캠퍼스의 거점이 될 것입니다.

내년 말, 완공된 기숙사에서 웃음이 퍼지는 장면을

상상합니다. 그리고 다짐합니다.

'이 기숙사는 더 이상 잠만 자는 곳이 아니다.

소통과 배움, 문화가 함께 숨 쉬는 모두의 새 둥지가 될 것이다.'

안전한 캠퍼스를 위한 끝없는 숙제 ___________________

우리 캠퍼스는 오랜 역사를 자랑합니다.

그 덕분에 따뜻한 이야기도 많지만,

오래된 건물이 주는 숙제도 함께 안고 있습니다.

전기 배선, 배관, 오래된 창틀…

작은 고장이 쌓여 큰 불편이 되기 전에 우리는 늘

점검하고 또 점검합니다.

방학은 학생들이 고향으로 돌아가는 시간.

하지만 우리에겐 캠퍼스를 고치는 '치유의 시간'입니다.

교실 문이 닫히자마자 공사 소리가 캠퍼스를 메웁니다.

오늘은 본관 지하의 배수 문제,

내일은 산학협력관의 석면 철거,

다음 주는 경비실 보강공사.

눈에 잘 띄지 않는 곳에서, 안전을 위한 긴 싸움이 이어집니다.

며칠 전엔 학장실도 예외가 아니었습니다.

천장 배관이 말썽을 부려 급히 공사에 들어갔습니다.

오전 7시 반 출근하자마자부터 이미 작업자들이 땀을 흘리고 있었습니다.

"내가 있어 봐야 방해만 되겠죠."

웃으며 외근을 나섰지만, 마음 한쪽은 무거웠습니다.

안전은 단순한 시설 문제가 아니라, 생명과 직결된 약속이기 때문입니다.

이곳은 온갖 기계와 실습 장비, 화학 약품과

전기 시설이 공존하는 공간입니다.

작은 부주의가 큰 사고로 이어질 수 있죠.

그래서 우리는 안전이라는 기본 위에 모든 것을 세우려 합니다.

'안전은 비용이 아니라, 존재의 이유다.'

이 말은 구호가 아니라, 우리가 지켜야 할 원칙입니다.

낡은 것은 바꾸고, 위험은 제거하며,

학생이 안심하고 배우는 환경을 만드는 일.

그게 학장인 제게 가장 무거운 숙제입니다.

정문, 만남을 여는 문(門)

걸어서 학교로 가는 출근길, 30분 동안 이어지는 이 길은

생각을 정리하는 나의 작은 사색의 길입니다.

그 길의 끝에는 캠퍼스 정문이 서 있습니다.

매일 바라보는 그 문은 기능적으로는 단순한 출입구일지 모릅니다.

하지만 제게는 늘 물음표를 던집니다. "이 문이 정말 만남의 문인가?"

우리 캠퍼스는 제암리 공원과 카페 '더포레' 같은 문화공간,

그리고 화성특례시 제조업의 심장을 이루는 수많은 기업과 이웃해 있습니다.

지역의 카페에는 소소한 대화가 꽃피고,

산업 현장에서는 기계음이 부지런히 미래를 준비합니다.

이 모든 점이 선으로 이어진다면, 얼마나 멋질까요?

나는 그 시작이 캠퍼스의 정문에서 출발하길 바랍니다.

정문은 단순히 들어오고 나가는 길이 아닙니다.

기업과 학교, 지역사회와 주민, 그리고 수많은 가능성이 스치는 접점입니다.

하지만 지금의 정문은 그저 길목에 서 있는 '표지판' 같을 뿐입니다.

나는 상상합니다. 화사한 꽃과 푸른 조경이 어우러진 열린 광장,

누구나 편히 앉아 쉴 수 있는 벤치,

기업 관계자들이 카페 미팅을 하는 풍경,

학생과 지역 주민이 함께 걷고 웃는 길.

정문이 그런 풍경을 품는 순간,

캠퍼스는 더 이상 학교만의 공간이 아니라,

지역의 거실이자 산업과 교육을 잇는 다리가 될 겁니다.

이 문 하나가 달라지면, 이 지역의 풍경이 달라지고

이 곳 사람들의 관계가 달라집니다. 그리고 이야기들이 시작됩니다.

산·학·관·민이 어깨를 맞대고 미래를 논하는 공간,

그 상징이 바로 정문이 되기를 희망합니다.

매일 아침, 이 문을 지나며 나는 조용히 다짐합니다.

'닫힌 문이 아닌, 열린 문. 점과 점을 연결하는 선이 되는 문을 만들자.'

그리고 언젠가, 그 문에서 모두가 만나 웃는 날을 기다립니다.

지역과 함께 열린 캠퍼스로 ____________________

캠퍼스의 담장을 바라볼 때마다, 제 마음엔 늘 같은 생각이 스칩니다.

'학교가 담이 높으면, 지역과의 거리는 그만큼 멀어진다.'

취임 당시 나는 약속했습니다.

'지역과 나누기, 열린 교정 Open Campus'.

학교는 학생들만의 섬이 되어서는 안 됩니다.

교육은 강의실에서만 완성되지 않습니다.

문화와 예술, 사람과 사람의 따뜻한 만남이 함께할 때,

비로소 학교는 숨을 쉬고 빛을 냅니다.

우리는 이미 작은 변화를 시작했습니다.

아직은 많은 이들이 사용하고 있지는 않지만,

캠퍼스의 운동장은 이미 개방돼 있습니다.

저녁 무렵, 마을 주민들이 걷고 아이들이 뛰어노는

풍경을 상상해 봅니다. 그러나 안타깝게도 캠퍼스가 외진 곳에 있어

발길은 드뭅니다. 하지만 나는 늘 믿습니다.

'왕래가 있어야 관계가 생기고, 관계가 있어야 발전이 있다.'

그래서 더 큰 그림을 그립니다. 기숙사 리모델링이 끝나는 날,

이곳은 단순한 숙소가 아니라 소통의 거점이 될 것입니다.

학생들이 머무는 공간에 머물지 않고,

교직원과 주민이 함께 숨을 고르는 열린 공간.

작은 카페에서 나누는 대화, 책 향기가 묻어나는 학습실,

지역민과 학생이 함께 음악을 듣는 문화 코너까지.

그날, 캠퍼스는 더 이상 울타리가 쳐진 배움의 공간만이 아니라

지역의 '따뜻한 거실'이 될 겁니다.

또 하나, 내가 오래 품고 있는 계획이 있습니다.

'나눔'입니다. 지금도 우리는 불이원 같은 복지시설을 찾아

봉사활동을 꾸준히 하고 있습니다.

하지만 나는 거기에서 머물고 싶진 않습니다.

언젠가 장애인분들을 학교로 초대하고 싶습니다.

함께 교정을 걷고, 실습실을 구경하고,

마지막엔 우리 식당에서 따뜻한 밥을 나누는 자리.

그 한 끼가 단순한 식사가 아니라, "여러분은 우리와 함께 있다"라는

메시지로 깊이 기억되길 바랍니다.

열린 교정은 담장을 허무는 일로 끝나지 않습니다.

그건 결국, 마음을 여는 일입니다.

학교가 지역을 품고, 지역이 학교를 믿을 때,

그곳에서 새로운 가능성이 싹틉니다.

오늘도 나는 그 약속을 마음속에 새깁니다.

'닫힌 담을 허물고, 열린 길을 만들자. 그리고 그 길에서, 모두가 만나자.'

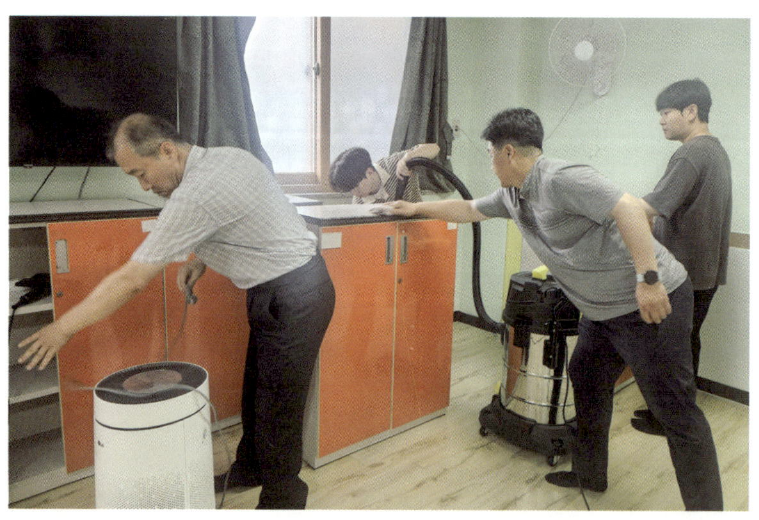

5

하루의
풍경에서
길을
읽다

,

변화는 어느 날 갑자기 나타나는 거대한 사건이 아닙니다.
눈에 띄지 않는 작은 순간에서 시작됩니다.
아침에 걸어서 출근하며 떠오르는 생각,
회의 대신 함께 둘러앉은 식탁에서 오간 짧은 대화,
폭설이 내린 날 모두가 삽을 들고 땀을 나눈 기억.
그 소소한 장면들이 모여 학교의 오늘을 지탱하고,
내일의 길을 엽니다.

캠퍼스는 건물과 설비만으로 존재하지 않습니다.
그 안에서 배우고, 가르치고, 웃고, 때로는 고민하는
사람들의 손길이 진짜 캠퍼스의 뿌리입니다.
나는 매일 그 뿌리 위를 걷습니다.
낡은 벽을 허물기 위한 회의실,
기숙사 리모델링 도면 위에 놓인 작은 아이디어,
안전을 확인하기 위해 내려간 지하 배수로.
그 평범한 장면 속에서 늘 스스로에게 묻습니다.
'무엇이 우리를 앞으로 가게 할까?'

이 장에 담긴 글들은 특별한 이벤트의 기록이 아닙니다.
누구에게나 스쳐 갈 수 있는 일상,
그러나 그 속에서 발견한 단단한 진실입니다.
초심을 지켜야 했던 첫날의 마음, 관계의 힘을
다시 믿게 해준 식탁과 운동장, 성과 뒤에 숨은 이름 없는 손길,
그리고 위기 앞에서 배운 리더십.
그 조각들을 모아 한 권의 풍경으로 엮고 싶었습니다.

우리는 늘 새로운 과제와 마주합니다.
예산, 시설, 취업, 산학협력…
그 무게는 때로 숨이 막힐 만큼 큽니다.
하지만 답은 의외로 단순합니다. 결국 사람입니다.
함께 걸어줄 사람, 경청할 사람,
그리고 서로의 온기를 나눌 사람.

그 힘이 조직을 살리고, 변화의 속도를 정합니다.
이제 독자에게 묻고 싶습니다.
"당신에게 학교란 무엇입니까?"
제게 학교는 기술을 가르치는 곳을 넘어,
사람을 키우는 땅입니다.
그 땅에서 땀을 흘린 이들의 이야기를,
나는 기록으로 남기려 합니다.
하루의 풍경에서 우리의 길을 읽고,
그 길에서 배운 것을 나누기 위해서입니다.
함께 걸어보실까요?

첫발 위에 놓인 시간의 무게 __________________

첫날의 공기는

낯섦과 설렘으로 뒤섞여 있었습니다.

발을 내디딜 때마다

내 안의 질문이 더 깊어졌습니다.

'나는 무엇을 바꿀 수 있을까?'

그 물음은 지금도 내 발걸음을 지탱합니다.

초심의 무게, 그리고 나의 약속

취임 소식을 알린 건 화려하지 않았습니다.

페이스북에 남긴 두 줄이 전부였습니다.

"한국폴리텍대학 화성캠퍼스 제16대 학장으로 취임했습니다.

청년 취업의 최전선에서 소임을 다하겠습니다."

하지만 그 글은 작은 돌멩이처럼 파문을 일으켰습니다.

축하 메시지가 쏟아지고,

집무실 안에는 정성스러운 화분이 점점 늘어났습니다.

책임의 무게가 천천히 어깨에 내려앉았습니다.

'이 자리는 직함이 아니라 소명이다.'

이 문장이 마음 깊숙이 새겨졌습니다.

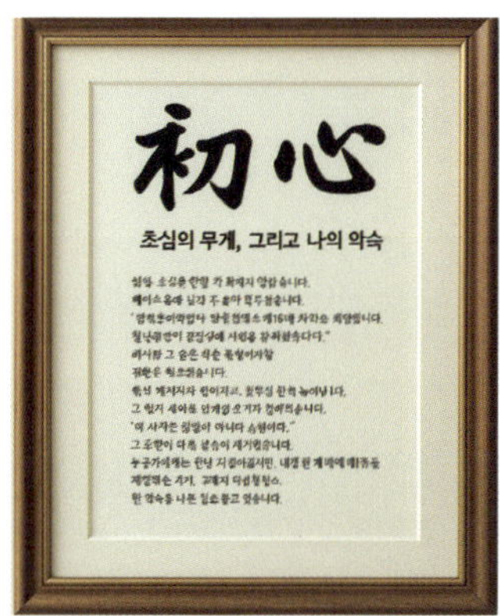

누군가에게는 한낱 직업이겠지만,

내겐 한 세대의 미래를 지탱하는 자리입니다.

눈에 띄는 성과보다 중요한 건 매일의 정직한 발걸음.

그 약속을 오늘도 품고 있습니다.

첫발을 내딛던 날, 천천히 그러나 단단하게

취임 첫날의 기억은 여전히 선명합니다.

작은 강당, 환한 얼굴의 교직원들, 앞에 놓인 새로운 자리.

그 순간 설렘과 책임감이 뒤엉켜 있었습니다.

문득 24년 전 캠퍼스에 있던 직장으로

서울 혜화동의 첫 직장이 떠올랐습니다.

그리고 대전대학교 캠퍼스,

그 후 지금의 한국폴리텍대학 화성캠퍼스까지.

캠퍼스는 늘 내게 자유와 배움의 상징이었습니다.

이제는 그 상징을 이끌어가는 자리에 서 있습니다.

출근길, 스스로에게 말합니다.

"천천히 가자. 그러나 멈추지 말자."

속도보다 중요한 건 방향, 변화는 스프린트가 아닌 마라톤.

빠름보다 바름, 혼자보다 함께.

오늘도 그 발걸음을, 천천히 그러나 단단하게 내딛습니다.

들길을 걸으며 찾은 다짐

아침마다 나는 들길을 걷습니다.

전원주택을 지나고, 소나무 숲을 스칩니다.

자동차 소음도, 사람의 발자국도 없는 고요 속에서

박노해 시인의 구절이 떠오릅니다.

"디레디레 잘레만느"

마음아, 마음아, 천천히 걸어라. 서두르지 말고,

그러나 게으르지도 말아라.

취임 초, 나는 솔직히 서두르고 싶었습니다.

조직을 새롭게 만들고,

눈에 띄는 성과를 보여주고 싶었으니까요.

그러나 이 들길에서 깨닫습니다.

속도가 아니라, 방향이 중요하다는 것을.

빠르게 가는 건 쉽습니다.

하지만 함께 가지 못하면

결국 혼자가 됩니다.

그래서 다짐했습니다.

서두르지 말자. 그러나 멈추지도 말자.

변화는 함께 걸을 때 힘을 발휘합니다.

오늘도 아침, 나는 걷습니다.

하나하나 새 다짐을 해나가면서.

첫눈 덮인 교정에서

첫눈이 내린 날,

교정은 또 다른 세상 같았습니다.

잡풀이 무성하던 길도 하얀 눈으로 덮여

새로운 길이 되었습니다.

내 발자국만 선명한 눈길,

솔잎과 낙엽이 눈 아래 바스락거리는 소리,

그 위로 내려앉은 고요함.

그 순간 생각했습니다.

"이 하얀 길처럼, 우리 캠퍼스도 다시 새로워질 수 있지 않을까?"

하지만 첫눈은 잠시뿐입니다.

곧 녹아 사라지고, 남는 건 우리가 매일 밟는 땅.

변화도 마찬가지입니다.

이벤트가 아니라,

매일의 발걸음으로 쌓여야 합니다.

눈을 치우던 교직원들의 얼굴이 떠오릅니다.

힘든 작업이었지만,

교수도 학생도 함께했습니다.

그 모습을 보며 다시 확인했습니다.

우리는 함께할 때 가장 강하다는 것을.

첫눈 덮인 교정에서, 나는 약속했습니다.

"눈처럼 맑은 마음으로, 오래 남는 변화를 만들자."

나는 오늘도 그 약속을 하얀 마음으로 되새깁니다.

밥상 위에서 열린 마음들 ______________________

사람과 사람을 잇는 힘은
화려한 회의실이 아니라,
따뜻한 밥상 위에서 자랍니다.
국물 한 모금에
얼어 있던 마음이 풀리고, 웃음이 말을 열었습니다.
진짜 대화는 그곳에서 시작됩니다.

작은 숟가락이 만든 큰 밥상

취임 첫날, 나는 교직원들과 마주 앉아
첫 식사를 했습니다.
그때 내 마음에 남은 생각은 단순했습니다.
"지금 이 자리에서부터 함께하는 자리를 만들어 나가자.
그리고 이야기를 시작하자."
그 후 1개월 동안, 나는 교학처와 행정처, 산학협력처,
그리고 일곱 개 학과 교수님들을 차례로 만났습니다.

마지막 자리는 최고의 밥상을 선물하는 식당 선생님들과 함께한
점심이었습니다.

그때 비로소 깨달았습니다.
서류 속에서는 보이지 않던 표정과 숨은 이야기가
식탁 위에서는 자연스레 풀린다는 것을.
누군가는 학교의 미래를,
누군가는 가족의 근심을
조심스레 꺼냈습니다.
그 대화 속에서 나는 배웠습니다.
조직을 움직이는 힘은 거창한 전략이 아니라
진심 어린 말 한마디에서 시작된다는 것을.
우리는 오래된 건물에서 함께 일하지만,
그 안에서 새로운 가능성을 만들 수 있습니다.

조건은 단순합니다.
마음을 나눌 자리를 조금 더 만드는 것.
작은 숟가락이 모여 큰 밥상을 차리듯,
우리가 함께 나눈 이야기가 캠퍼스의 미래를
채워갈 겁니다.
오늘 당신의 작은 한 숟가락은 무엇입니까?

운동장에서 만난 웃음

봄바람이 캠퍼스를 스칠 때,
나는 운동장에 섰습니다.
족구 네트 옆으로 튀는 공,
누군가의 웃음소리가 맑게 퍼졌습니다.
나는 그저 박수치며 응원했습니다. "좋다, 이 에너지."
강의실 안에서는 볼 수 없었던 얼굴들이 있었습니다.
점수보다 즐거움에 집중하는 모습,
공 하나에 모두가 환호하는 모습.
땀방울 속에서 관계가 자라고 있었습니다.
나는 다시 확신했습니다.
학교는 기술만 가르치는 곳이
아니라는 것을.

협력하는 습관, 양보하는 마음은

교과서가 아니라

이런 자리에서 배웁니다.

돌아오는 길,

나는 중얼거렸습니다.

"이런 시간이 더 많아야지."

다음 주에 또 다른 게임이

이어진다면

저 땀방울 속에서 무엇이 자랄까요?

서로 간의 믿음이 아닐까, 싶습니다.

간담회에서 열린 마음

7월의 오후, 7개 학과 과 대표들이 한자리에 모였습니다.

낡은 시설, 취업 걱정, 더 많은 실습 기회….

쏟아지는 말들을 나는 막지 않았습니다.

그저 들었습니다. 모든 요구를 다 들어줄 순 없습니다.

예산의 벽, 제도의 한계가 있습니다.

하지만 마음을 듣는 데는 비용이 들지 않습니다.

회의가 끝난 뒤, 작은 식당에서 함께 밥을 먹었습니다.

차가운 냉면이 놓였지만, 분위기는 따뜻했습니다.

그 자리가 준 건 해결책이 아니라 관계였습니다.

생각합니다.

우리는 완벽할 순 없지만, 서로에게 귀 기울이는 조직은 오래 갑니다.

오늘 남은 건 합의가 아니라 신뢰였습니다.

그 신뢰가 내일을 만든다는 걸, 나는 믿습니다.

특강으로 이어진 대화

교실 문을 열자, 마흔 개 남짓한 눈이 나를 향했습니다.

그날의 주제는 「일과 삶, 어디서 답을 찾을까?」.

나는 거창한 강연을 준비하지 않았습니다.

그저, 내 이야기를 꺼냈습니다.

쉰이 넘어 시작한 공부,

밤 열차를 타고 다니던 대학원 시절,

일과 삶을 맞바꿔 얻은 깨달음들.

강의가 끝나갈 무렵, 한 학생이 물었습니다.

"학장님, 저도 공부… 늦게라도 해도 될까요?"

나는 웃으며, "늦은 건 없어요.

하고 싶다면, 그게 가장 빠른 때입니다."라 말합니다.

그날 이후 나는 강단을 더 자주 찾습니다.

특강은 지식을 나누는 자리가 아닙니다.

서로의 시선을 교환하는 자리입니다.

그리고 그 교환이, 누군가의 내일을 바꿀 수도 있습니다.

생애 설계, 또 다른 출발선에 선 분들과

생애 설계에 들어가실 세 분의 교수님들과 식사를 함께했습니다.
몇 차례 소주잔을 기울이며 마음을 나눈 분들이라 그런지,
이번 자리는 더 섭섭하고 묘한 감정이 앞섰습니다.
하고 싶은 이야기는 많았지만, 정작 대화는 빙빙 돌기만 했습니다.
낮이라 술잔 대신 물잔을 들어 건승을 빌었습니다.
그저 웃으며 잔을 들었고, 마음속 아쉬움은 숟가락 끝에 묻어 삼켰습니다.
괜찮은 식당을 택했지만, 이상하게 밥맛이 잘 나지 않았습니다.
아마 서로의 마음이 전해진 탓이었을 것입니다.

"교수님, 그래도 퇴직은 아니시잖아요. 가끔 소주 한잔 해야죠."
"고맙습니다. 학장님, 학교와 학생들 잘 부탁드립니다."
"……."
"이제 들어가서서 일 보셔야죠. 학장님"
"네! 건강하시고, 늘 행복하세요."

짧은 대화였지만 그 여운은 길었습니다.
이분들이 계셨기에 지금의 폴리텍이 있고,
산업교육이 이만큼 자리 잡을 수 있었습니다.
그 무게를 생각하면, 오늘의 자리는 단순한 식사가 아니라
한 시대의 전환을 함께 지켜보는 의식 같았습니다.

폴리텍을 강하게 만든 그 힘으로,

이제 교수님들의 개인적인 미래도 더 단단히 세워지길 바랍니다.

몇 살 차이 나지 않는 형님뻘이라 남 일 같지 않은 마음입니다.

그래서일까? 오늘 내리던 비가 내 마음마저 더 적셔 오는 듯합니다.

'힘내자! 우리 모두에게 아직 남은 길이 있고,

그 길은 새로운 출발선 위에 다시 시작되는 것이니까!'

함께 식사하며 여는 새해

2026년 시무식 날, 오랜만에 교직원 모두가 한자리에 모였습니다.

시무식의 이름은 조금 달랐습니다.

〈식사 한번 합시다!〉

캠퍼스 생활을 돌아보니, 각 학과와 부서별 모임은 있었지만

모두가 함께 밥을 먹은 기억은 없었습니다.

바쁘다는 이유로 늘 미뤄졌던 자리였지요.

그래서 이날은 강당 대신 구내식당에서 오전 11시에

시무식을 열었습니다.

학장인 내가 식당 한가운데 서서 사회를 보니,

자연스레 즉석 '타운홀 시무식'이 되었습니다.

간단한 국민의례 후, 서로 새해 인사를 나누고

예고 없이 각 처장과 직원 대표, 퇴직 교수님께

덕담 한마디씩을 부탁했습니다.

법인 이사장님의 신년사는 내가 대신 전했고,

내 이야기는 최대한 짧게 마쳤습니다.

말보다 분위기가 더 중요하다고 느꼈기 때문입니다.

마침, 부모님이 떡집을 하시는 산학처장님이

시루떡과 떡국떡을 준비해 오셨고,

나는 커피 쉰 잔을 냈습니다.

삼십 분 남짓, 식당은 커피와 떡, 웃음으로 가득 찼습니다.

이어진 떡국 자리에서는 "이런 시무식 처음이다"라는 말이

여기저기서 들렸습니다.

그날 우리는 약속했습니다.

올해는 밥 한 끼 자주 함께하자고.

조직은 회의실에서만 움직이지 않습니다.

밥상 위에서 마음이 먼저 열릴 때, 비로소 말이 오가고

신뢰가 쌓입니다.

캠퍼스의 한 해는 그렇게 시작되었습니다.

〈한국폴리텍대학 화성캠퍼스〉,

오늘도 밥상 위에서 조금씩 더 가까워지고 있습니다.

숫자보다 빛난 이름 없는 얼굴 ______________________

성과는 늘 숫자로 남지만,

그 숫자를 만든 건

이름 없는 수많은 손길입니다.

때로는 벽을 허물고,

때로는 새 길을 열며,

우리는 보이지 않는 협력으로

이 길을 걸어왔습니다.

값진 숫자 뒤의 이름 없는 얼굴들

성과는 숫자로 남습니다.

전국 244개 학과 중 스마트자동차과 1위,

스마트전기과 3위, 산업설비과 16위.

부서 평가에서 행정처 5위, 교학처 10위.

신입생 모집률 100%.

숫자는 화려합니다.

언론의 제목으로도 손색없죠.
하지만 나는 그 숫자들을 바라볼 때마다
다른 얼굴들을 떠올립니다.

아침 7시, 건물 앞을 쓸고 화장실을 청소하시는 선생님,
산업체 협약서를 위해 수십 통 전화를 돌리던 직원의 쉰 목소리,
취업처 하나 더 찾으려고 주말마다 발품 팔던 교수님의 구두.
그 땀과 손길이 모여 만든 숫자입니다.

그래서 나는 이렇게 말합니다.
"성과는 협력에서 나오고, 협력은 기본에서 시작된다."
우리가 잘해왔듯, 이제는 더 잘하는 방법을
고민해야 합니다.

입학에서 취업까지,

상담에서 안전관리까지,

자격·커리큘럼·현장실습, 취업지원….

이 모든 과정을 다시 점검하고, 체계로 세워야 합니다.

성과를 우연이 아닌 '문화'로 만드는 일,

그게 우리가 가야 할 길입니다.

그리고 나는 오늘도 그 얼굴들을 기억합니다.

숫자 뒤에서 묵묵히 빛나는 이름 없는 얼굴들 말입니다.

성과는 협력에서 나온다

지난 몇 달, 캠퍼스를 다니며 가장 많이 들은 말은
"예산이 부족하다"라는 것이었습니다.
낡은 건물, 오래된 장비, 제한된 인력…
현실은 냉정했습니다.
하지만 이상하게도 그 말은 나를 주저앉히지 못했습니다.
오히려 더 강한 확신을 줬습니다.
'우리가 가진 자원은 돈보다 사람이고, 협력이다.'
그래서 나는 문을 열어가고 있습니다.
지역 기업과의 협력, 상공회의소와의 약속, 지자체와의 연대.
한 번의 악수가 또 다른 길을 열어갈 것입니다.
협력은 거창한 구호가 아닙니다.
회의 테이블에서 솔직히 "이건 어렵습니다"를 말할 용기,
그리고 그 뒤를 잇는 "그렇다면 이렇게 해볼까요?"라는 제안.
그 순간 협력은 살아 움직입니다.
폴리텍은 산업 생태계의 한 축입니다.
그 생태계는 혼자가 아니라 함께 움직일 때 힘을 냅니다.
나는 그 힘을 믿습니다.
혹시, 내일을 바꾸는 첫 연결고리가
당신의 손에서 시작될지도 모릅니다.

낡은 벽을 허무는 작은 혁신

학교는 오래된 건물과 관습으로 둘러싸인 공간입니다.

취임 후, 교정을 걸으며 나는 두 가지를 느꼈습니다.

안정감, 그리고 변화에 대한 갈증.

벽은 필요합니다.

안전을 지키고, 질서를 만듭니다.

하지만 오래된 벽은 때로 사람을 가둡니다.

그래서 나는 질문했습니다.

'이 벽을 어떻게 허물까? 부수는 게 답일까?'

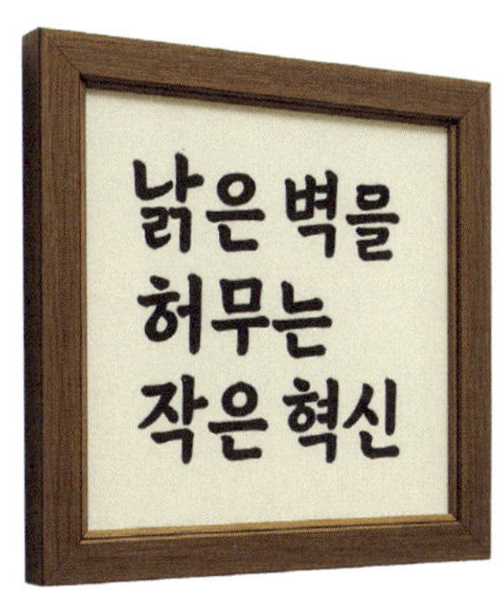

내 답은 달랐습니다.

무너뜨리기보다, 틈을 내는 것.

숨 쉴 구멍을 만드는 것.

작은 실험을 시작했습니다.

회의실 문을 열어, 누구나 참여하는 오픈 미팅을 했습니다.

기숙사 리모델링 논의에도 담당 부서만이 아니라

참여를 원하는 모두를 불렀습니다.

그 순간, 벽에 작은 틈이 생겼습니다.

혁신은 구호에서 시작되지 않습니다.

닫힌 문을 살짝 열어보는 용기,

그 뒤를 따르는 작은 실천에서 피어납니다.

오늘도 나는 묻습니다.

"우리 캠퍼스는 더 열린 공간이 되어가고 있을까요?"

화성탐사—함께 탐구하며 함께 나누는 시간

취임 후 1개월 동안 가장 많이 들은 말,
"소통할 시간이 필요하다."
그래서 나는 작은 실험을 시작했습니다.
이름하여 〈폴리텍의 화성탐사〉.
탐사는 늘 발견을 전제로 합니다.
우리들의 탐사도 마찬가지입니다.
누군가의 말 속에서 새로운 아이디어를,
서로의 질문 속에서 해결의 실마리를 찾는
시간을 갖고 싶었습니다.

10개의 주제는 강의가 아닙니다.
광고회사 시절의 창의 이야기,
삼성 신경영에서 배운 혁신,
글쓰기 특강과 프리젠테이션 기술,
홍보의 법칙을 이야기 하는 '갑돌이와 칠복이'
인구위기 속 폴리텍의 역할까지.
이야기와 고민, 경험이 얽힌 '대화의 강의'입니다.

구분	일정	주제	세부 강의명	비고
공유 과정	1차	창의와 혁신	오스트랄로피테쿠스와 백두산	강학장의 광고이야기
	2차	일과 삶	일과 삶에서 답을 찾자	사회적 자아와 개인적 자아
	3차	글쓰기특강	기록은 기억을 지배한다	글쓰기, 자신만의 책만들기
	4차	우리 폴리텍	화성탐사, 함께 해볼까요?	폴리텍, 무엇을 할 것인가?
심화 과정	5차	홍보역량강화	갑돌이와 칠복이	홍보, 어떻게 할것인가?
	6차	프리젠테이션	나도 프리젠테이션 전문가가 되어볼까?	파워풀 프리젠테이션 기법
	7차	경영혁신	자신을 신경영하라	삼성신경영과 폴리텍 신경영
	8차	리더십함양	리더십 불변의 법칙	리더십유형과 폴리텍리더
	9차	인구위기	인구위기시대, 폴리텍이 나서야 하는 이유	생산가능인구 급감시대 폴리텍역할
	10차	캠퍼스비전	2025년 캠퍼스 경영전략	강학장이 구상하는 '25년 캠퍼스전략

자유의사로 누구나 참여할 수 있는 1시간,

강제가 아니기에 더 간절합니다.

나는 이 1시간이,

누군가의 생각을 바꾸는

잔잔한 파문이 시작하는 전환점이 되길

바랍니다.

〈폴리텍의 화성탐사〉에 여러분을 초대합니다.

눈과 비의 현장이 가르쳐 준 것 ___________________

폭설이 쏟아지고,

비상벨이 울리던 날이 있었습니다.

그 속에서 배운 건 단순한 대응이 아니었습니다.

안전은 선택이 아니라, 소명이라는 사실.

그 깨달음이 우리의 기준이 되었습니다.

위기 앞에서, 먼저 현장부터

그날, 캠퍼스는 순식간에 하얗게 잠겼습니다.

눈은 쉴 새 없이 내리고,

길은 얼어붙어 발자국마다

미끄러졌습니다.

나는 책상 위 보고서를 덮고, 현장으로 향했습니다.

제일 먼저 떠오른 건 사람입니다.

임신한 교직원, 몸이 불편한 직원부터

귀가를 권했습니다.

남은 사람들은 한 줄로, 삽을 들었습니다.
눈을 치우고, 빗물이 고인 곳을 살피고, 얼어붙은 길을 닦았습니다.

그 순간, 나는 다시 한번 깨달았습니다.
리더십은 긴급한 상황에선 의사결정의 속도와 함께
우선순위의 결정이라는 것을.
안전은 순간의 대응에서 끝날 것이 아니라
조직의 문화가 되어야 한다는 사실을.
폭설뿐만이 아닙니다.
장마철을 대비해 지하 배수와 배관을 점검하는 것이
중요하다는 것을 알았습니다.
오랜 숙원사업이었던 산학협력관의 석면 철거 사업을
꼼꼼한 절차를 밟아 수행했습니다.
민방위 훈련 날,

지하 대피소까지 이동 동선을 직접 걸었습니다.

책상 위의 결재 서류보다 먼저 현장을 확인해야

사람도, 학교도 안심할 수 있습니다.

우리 캠퍼스는 실습 장비와 고온·고전압, 화학 자재를

다루는 곳입니다.

안전은 '추가 업무'가 아니라, 교육의 전제입니다.

오늘도 나는 스스로에게 묻습니다.

"당신의 우선순위는 무엇입니까?"

캠퍼스의 보이지 않는 뿌리

학교는 늘 겉모습으로 기억됩니다.

새로 칠한 벽, 단정한 화단, 밝게 빛나는 강의실.

하지만 그 모습은 보이지 않는 뿌리 위에 서 있습니다.

그 뿌리의 이름은 안전입니다.

방학이 되면 교정은 고요해집니다.

하지만 그때부터 누군가의 발걸음은 더 분주해집니다.

낡은 배관을 열고, 지하 배수로를 점검하고,

전선과 화재경보기를 하나씩 살피고,

혹시 모를 균열을 찾기 위해 벽을 두드립니다.

이러한 일들은 스포트라이트를 받는 일들이 아닙니다.

하지만 분명한 것은 그 손길들이 우리 일상의 평온을 지탱하는
주춧돌 같은 일이라는 사실입니다.
기숙사 리모델링 설계가 시작되던 날도 기억납니다.
화려한 조감도 뒤에서, 가장 먼저 논의된 건 안전진단이었습니다.
학생들이 머무는 공간은 단순한 건물이 아니라
'삶의 집'이니까요.
이 모든 과정은 눈에 띄지 않습니다.
안전은 늘 당연한 듯 보이지만, 그 '당연함'을 만들기
위해선 끝없는 준비와 땀이 필요합니다.
나는 오늘도 생각합니다.
'우리가 매일 밟는 이 땅을 믿을 수 있다는 것,
그 믿음을 지키는 노력이 얼마나 고마운 일인지.'

노란 점퍼가 불러온 추억

오늘 아침, 오랜만에 노란 점퍼를 꺼냈습니다.
청와대, 총리실 시절 이후 참 오랜만입니다.
민방위 훈련이 있는 날이었으니까요.
사이렌이 울리자 오래된 기억이 떠올랐습니다.
초등학교 시절, 비닐봉지를 머리에 뒤집어쓰고 운동장 나무 그늘 밑에서
대피하던 장면.

고등학교 땐 교련복 차림으로 운동장에서 버티던 20분.

그때는 지루하기만 했던 그 시간이

이제는 묘하게 따뜻한 추억으로 남았습니다.

오늘의 훈련은 단순한 행사가 아니었습니다.

안전을 점검하는 절차이자, 과거로 향하는 문이었습니다.

어릴 적 '중앙초등학교', '보문고등학교',

그리고 지금의 '한국폴리텍대학 화성캠퍼스'까지

내 삶의 무대는 언제나 '교정'이었습니다.

노란 점퍼는 단순한 복장이 아니었습니다.

현실과 추억을 잇는 매개,

그리고 '안전이란 약속'을 다시 새기게 하는

상징이었습니다.

나는 그 약속을 오늘도 마음에 붙잡습니다.

'안전한 캠퍼스 없이는, 어떤 변화도 의미가 없다.'

캠퍼스의 담장을 넘어

학교는 더 이상 교정 안에 머물러선 안 됩니다.

지역과 연결되고, 기업과 호흡하며, 사람과 산업을 잇는

다리가 되어야 합니다.

그 다리 위에서 우리는 더 큰 미래를 준비합니다.

기업과 함께 그린 미래

회의실 한쪽 벽에 걸린 협약서가 아직도 눈에 선합니다.

굵은 글씨로 나란히 적힌 두 이름,

화성특례시 상공회의소와 한국폴리텍대학.

그날의 악수는 의례가 아니었습니다.

서로의 필요를 너무 잘 알고 있었으니까요.

기업은 숙련된 기술 인력이 필요했고,

학교는 학생들에게 더 넓은 길을 열어줘야 했습니다.

이 단순한 명제를 현실로 만드는 일,

그것이 산학협력입니다.

폴리텍은 업의 성격상 교수님이 기업 현장을 직접 찾아가

실습 환경을 점검하고, 학생들은 생산라인에서 배운 기술을

수업과 연결하는 일이 생명입니다.

경제포럼에서 만난 CEO가 제게 말했습니다.

"학장님, 현장에서 바로 뛸 수 있는 인재, 폴리텍이 당연히 해줄 수 있죠?"

그 순간, 나는 학교와 기업은 평행선이 아니라

같은 목표를 향한 두 궤도라는 것을 확신했습니다.

이제 캠퍼스는 더 열려야 합니다.

강의실과 현장을 오가는 길을 더 단단히 잇는 것.

교육은 교실 안에서 완성되지 않습니다.

기업과의 대화 속에서, 산업의 맥박을 느끼는 순간에서 살아납니다.

오늘의 작은 악수가,

내일 학생의 자부심이 되고,

기업의 경쟁력이 되길 믿습니다.

그다음 악수, 우리 함께 준비해 볼까요?

연결의 힘, 새로운 동반자들

협력은 거창한 구호에서 시작되지 않습니다.

따뜻한 대화, 그리고 마음에서 시작됩니다.

한국보훈교육연구원과도 약속했습니다.

국가를 위해 헌신한 보훈가족이 새로운 삶을 설계할 수 있도록

맞춤형 교육을 열기로 했습니다.

이 길에서 교육은 단순한 훈련이 아닙니다.

삶을 다시 세우는 힘입니다.

朝鮮日報

사회 > 사회 일반

직업교육, 보훈과 만나 일자리 키운다

한국폴리텍대학 화성캠퍼스, 보훈교육연구원과 '고용창출' MOU 체결

김영일 기자

입력 2025.02.14. 01:00

한국폴리텍대학 화성캠퍼스(학장 강영환)와 보훈교육연구원(원장 이해영)은 13일 직업 교육훈련 및 고용 창출 활성화를 위한 업무협약(MOU)을 체결했다고 밝혔다.

이번 협약은 두 기관이 협력해 실효성 있는 직업교육을 제공하고, 국가유공자 및 보훈 가족을 포함한 구직자들의 취업 기회를 확대하는 데 초점을 맞추고 있다. 제대 군인 직업교육 프로그램 개발과 시범 사업 등도 추진된다.

소상공인시장진흥공단 이사장님과의 만남도 그랬습니다.

"누군가의 재기는 지원금이 아니라 기술에서 시작된다."

그 기술을 폴리텍이 지원할 수 있어야 하고,

그 약속이 일선 현장에서 희망이 되어야 한다고

저는 강하게 확신합니다.

아주자동차대학교와의 업무협약을 통해

서로 다른 영역의 주체일지라도

청년 취업이라는 공동의 목표를 위해서라면

경쟁이 아니라 상생의 길을 가야 하며,

그리고 서로의 강점을 나누는 것은 학생에게

더 넓은 선택지를 주는 약속이 된다는 것을

서로 강하게 확인하였습니다.

작은 악수가 사람을 바꾸고,

사람이 산업을 바꾸고,

결국 지역과 세상을 바꿉니다.

우리는 오늘도 그 길을 걷고 있습니다.

이 길은 선택이 아니라, 함께 살아가기 위한 길입니다.

폴리텍은 그 길에서 멈추지 않을 것입니다.

이웃과 나누는 마음, 지역과 잇는 길

교직원들과 함께 장애인 복지시설을 찾았습니다.

작은 선물을 들고 낯선 문을 열 때,

마음속에는 묘한 긴장과 설렘이 교차했습니다.

누군가는 벽을 닦고, 누군가는 그림을 그렸습니다.

작은 손길이지만, 그 속에는 마음이 있었습니다.

오늘 하루, 우리가 이곳에 온 이유는 단순했습니다.

'함께 살아가는 세상에서, 우리는 연결되어 있다'라는

사실을 확인하기 위해서였습니다.

오늘 우리가 채운 것은 시설의 벽이 아니라,

우리 마음의 빈자리였음을. 이 길을 계속 걸을 겁니다.

때로는 아이들의 웃음이 있는 곳으로,

때로는 어르신의 손길이 필요한 곳으로.

폴리텍의 교육이 기술을 넘어,

사람의 마음을 잇는 이유가 바로 여기에 있습니다.

이웃 나라에서 온 아이들

봄 햇살이 교정을 가만히 덮던 날,

캠퍼스에는 조금 특별한 손님들이 찾아왔습니다.

멀리 동남아에서 온 중학생들.

낯설지만 반짝이는 눈빛, 조심스러운 발걸음.

우리가 준비한 건 화려한 이벤트가 아니었습니다.

교육장을 함께 돌고,

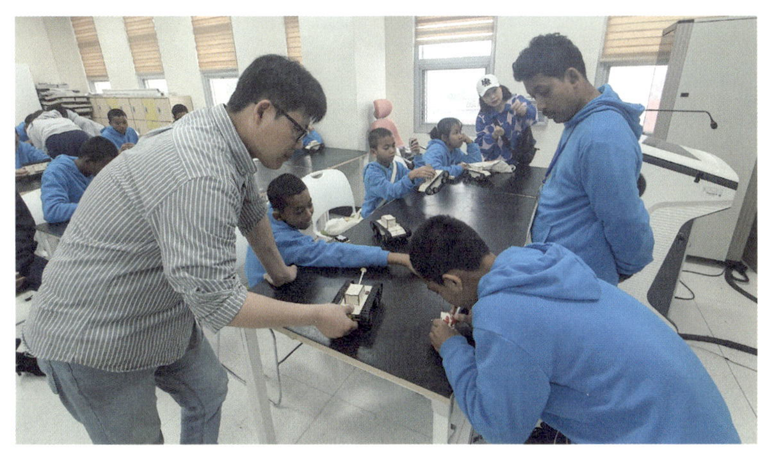

꿈드림공작소에서 로봇팔을 만져보고,

함께 밥을 먹으며 나눈 대화.

하지만 그 짧은 경험이 아이들의 눈을 열었습니다.

누군가는 로봇 앞에서 사진을 찍었고,

누군가는 기계음에 귀 기울이며 고개를 끄덕였습니다.

나는 그 표정에서 다시 확인했습니다.

배움의 언어는 국경을 넘는다는 것을.

우리 폴리텍은 이미 베트남, 우즈베키스탄 등

이웃 나라에 우리의 직업교육 모델을

심기 시작했습니다.

현지 산업 기반을 세우고, 기술 인력을 키우는 일.

그 출발점은 법인에서 추진하는 거대한 프로젝트이겠지만,

이 작은 교정에서 싹트는 희망이

언젠가 큰 숲이 되리라 믿습니다.

아이들에게 말했습니다.

"여기서 본 이 풍경, 여러분 나라에서도 만들 수 있어요.

그리고 우리가 함께 도울 겁니다."

그날 이후, 나는 교육은 담장을 넘을 때

힘을 얻는다는 사실을 확신했습니다.

기술은 사람을 연결하고, 교육은 세상을 바꾼다는 것을.

그리고 그 첫걸음은

언제나 마음에서 시작된다는 사실을 믿고 있습니다.

6

길 위에서
쓰는
잠깐의
쉼표

,

캠퍼스의 작은 풍경에서 길을 읽다 보면,
더 큰 풍경을 향한 갈증이 생기곤 했습니다.
그래서 나는 화성의 교정을 넘어
다른 캠퍼스를 배우고 싶은 마음이 커졌습니다.

캠퍼스에서 보낸 시간은 대부분 치열한 현장이었습니다.
입학식, 실습실, 회의, 정책 협의…
숨 가쁜 일정의 연속이었습니다.
그러나 가끔은 출장이라는 이름의 여행이
내게 숨을 틔워주었습니다.

강릉의 바다, 그리고 기숙사의 이틀 밤은 왜 내게
긴 생각을 불러왔는지,
남인천에서 테이프를 끊던 날의 사명감은 왜 그렇게 묵직했는지,
안성 캠퍼스의 하늘은 왜 유난히 깊어 보였는지,
남대구의 풍경은 왜 화성과 닮아 보였는지.
그 장면들은 기록하지 않았다면 바람처럼 흩어졌을 겁니다.

하지만 나는 글을 쓰는 사람이고, 글을 쓰는 이유는
결국 기억을 붙잡기 위해서입니다.
그래서 이곳에 놓인 이야기들은 작은 선물입니다.
앞선 글들이 다소 무겁고 진중했다면,
여기서는 잠시 숨을 고르듯 편안했으면 좋겠습니다.
그러나 그 속에도 내가 걸었던 길과,
그 길에서 얻은 생각들은 숨어 있을 것입니다.

출장길은 단순한 이동이 아니었습니다.
짧은 풍경 하나, 사람과의 우연한 대화 한 줄이
마음을 흔들고,
학교를 바라보는 시야를 바꾸어 놓기도 했습니다.
길 위에서 배운 것은 '휴식'이 아니라 '확장'이었습니다.
낯선 풍경에서 익숙한 질문을 다시 붙잡고,
바쁜 일상에서 놓쳤던 본질을 새롭게 바라보는 일.
그것이 이 글을 쓰는 이유입니다.

그 길 위에서 발견한 순간들을 하나씩 열어보려 합니다.
강릉, 남인천, 안성, 남대구.
그곳에서 만난 풍경과 사색이 여러분에게도
작은 여운으로 남기를 바랍니다.
그 여정에서 만난 장면들은 언젠가 '방방곡곡 폴리텍'
이라는 또 다른 기록으로 이어가 볼까 합니다.
여기서는 그 맛보기로, 길 위에서 만난 순간들을
짧게 적어둡니다.

사람을 담는 구조,
삶을 품는 설계 남인천에서 배우다 ________________

남인천캠퍼스를 향한 발걸음은 오랜만에 설렘을 안고 있었습니다.
공식 일정도, 의무도 아니었습니다.
다만 인연이 부른 길.
인자한 학장님, 화성에서 함께했던 행정처장.
이 두 이름만으로도 충분했습니다.

그러나 사실, 또 하나의 이유가 있었습니다.
우리 화성의 내일을 준비하기 위해서,
기숙사 리모델링의 힌트를 얻기 위해서 찾아갑니다.
오늘 남인천캠퍼스엔 복지관 개관식이 열립니다.
내부 교직원들만 치르는 행사이지만, 그야말로 '우리가 남이가?' 하며
살짝 행정처장님과 함께 찾아갑니다.

복지관 개관식은 거창하지 않았습니다.
꽃길 대신 사람들의 얼굴이 레드카펫이 되어 있었습니다.
환하게 웃는 교직원, 설렘을 감추지 못하는 학생들.
그 모습이 내 마음을 먼저 흔들었습니다.

새 건물은 겉모습보다 속살이 더 깊었습니다.

지하 1층에서 지상 4층까지,

모든 공간이 '기능'이 아니라 '배려'로 설계되어 있었습니다.

취업상담실, 조용한 열람실, 학생들이 땀을 흘릴 체력단련실,

그리고 학교와 지역을 연결하는 대회의실.

이곳은 단순한 건물이 아니었습니다.

학생들의 하루와 미래를 함께 품은 공간이었습니다.

복지관을 천천히 걸으며 우리 화성의 캠퍼스 미래도

그려보았습니다.

'우리는 무엇을 바꿔야 할까? 무엇을 지켜야 할까?'

건물이 아니라 '사람'을 담는 구조,

기능이 아니라 '삶'을 품는 설계.

그 답을, 남인천캠퍼스는 조용히 가르쳐주고 있었습니다.

행사가 끝난 뒤, 우리는 시원한 맥주잔을 부딪쳤습니다.
건배 소리보다 진하게 남은 건, 서로의 진심이었습니다.
현장의 고민, 경험에서 우러난 조언, 그리고 미래에 대한 꿈.
나는 그 대화에서 다시 한번, 학교의 변화는 예산이 아니라
마음에서 시작된다는 것을 확신했습니다.

돌아오는 길, 차창 밖으로 스치는 빛이 유난히 맑았습니다.
내 마음속에는 하나의 문장이 깊이 새겨졌습니다.
'화성도 할 수 있다. 아니, 반드시 해야 한다.'
그 약속을 가슴에 품고, 다시 화성으로 돌아왔습니다.

강릉에서 맞이한 여름휴가, 캠퍼스가 준 선물 _____

강릉으로 향하는 기차 안, 나는 오랜만에 짐을 가볍게 꾸렸습니다.

목적은 출장도, 회의도 아니었습니다. '쉼'이었습니다.

방학 동안 일부 기숙사를 교직원에게 개방한다는 소식은

작은 선물이었습니다.

익숙한 캠퍼스 건물이 낯선 휴가의 배경이 될 줄은,

그때는 몰랐습니다.

교문을 넘어, 조용한 복도를 걸어 열쇠를 돌리자 작은 방 안으로

여름 햇살이 스며들었습니다.

책상, 침대, 작은 창. 평범한 시설이었지만, 그날은 달랐습니다.

'일'의 냄새 대신, '쉼'의 향기가 깃든 공간.

다음 날 새벽, 시원한 바람에 잠이 깼습니다.

차를 타고 20여 분 달려 도착한 바다. 끝없이 펼쳐진 수평선,

파도를 부서뜨리는 햇살.

나는 그 앞에서 한참을 서 있었습니다.

아무 말도, 아무 생각도 하지 않고 그저 서 있었습니다.

그러다 문득 깨달았습니다.

'쉼은 멀리 있지 않다. 멈추고 바라볼 용기가 없었을 뿐'

돌아오는 길에 들른 커피문화의 본당, 테라로사에서

만난 아메리카노는 평소의 커피 맛과 달랐습니다.

문화라는 맛이 있고 휴가라는 쉼이 있어서 더욱 그랬을까요?

스마트폰 대신 노트를 펼치고, 그동안 미뤄왔던 문장을 적었습니다.

'해야 하는 일' 대신 '하고 싶은 시간'을 품은 순간, 세상이 달라졌습니다.

강릉캠퍼스로 돌아옵니다.

마침, 강릉 캠퍼스 학장님이 전화를 주셨습니다.

어떻게 아셨는지, 강릉까지 왔는데 그래도 물회 한 자락 함께 해야 한다

고요. 안성반도체융합캠퍼스 학장님도 오신다고.

‘이거 토요일 민폐 아닌가?’ 생각도 들었지만,

‘이렇게 간곡히 말씀하시는데…’

결국 민폐를 저지르기로 합니다.“

강릉 교학처장님과 담당 행정처 차장님도 함께

주문진 가는 길로 드라이브를 합니다.

안인해변의 횟집에서의 물회를 앞에 두고,

바다로 통하는 통창 조망이 끝내줍니다.

아침 안목바다에 이어 초저녁 안인바다 정경은

60세 남자의 마음을 호강시킵니다.

폴리텍이야기도 하고 삶의 이야기도 하고

무엇보다 잔잔한 인연의 이야기를 나누며 시간 가는 줄 모릅니다.

강릉은 내게 작은 질문을 남겼습니다.
'학교는, 단지 일하는 공간이어야 할까?'
학생에게는 배움의 쉼표를, 교직원에게는 관계의 쉼터를 내어줄 때,
비로소 교육은 사람을 품습니다.
그 진실을 강릉의 바다가 내게 가르쳐주었습니다.

휴가 마지막 밤, 창문을 열고 불어오는 바람을
들이마셨습니다.
그 바람이 내게 속삭였습니다.
'쉼을 아는 학교가 되어라.'

화성으로 돌아가는 길,
나는 차창 밖으로 곰곰이 생각합니다.
강릉이 내게 준 선물, 그건 단순한 휴식이 아니었습니다.
강릉은 내게 다르게 보는 눈, 그리고 시간을 다시 설계할
용기를 선물했습니다.

안성에서 만난 평온함, 그리고 미래 ________________

'내가 안성에 간 적이 있었나?'

출발 전부터 머릿속은 물음표로 가득했습니다.

안성은 내게 '안성탕면'으로만 각인돼 있었으니까요.

하지만 발걸음은 출장 이상의 의미를 품고 있었습니다.

화성과 안성이 함께할 길을 찾는 자리.

그리고, 솔직히 말하면 새로운 도시에 대한 설렘.

안성의 첫인상은 평온함이었습니다.

길가의 나무, 오래된 전봇대, 구불구불한 골목.

세월이 고요히 도시에 머무는 듯했습니다.

반도체융합캠퍼스 역시 그랬습니다.

새 건물과 오래된 건물이 자연스레 어우러져 있었고,

곳곳에서 섬세한 손길의 흔적이 느껴졌습니다.

원래 여성전문 폴리텍이었다는 이야기를 듣자,

지금의 세심함이 더 이해되었습니다.

실습실로 향하는 발걸음에서 나는 분야는 다르지만,

과거 생명공학기업, 마크로젠에 재직할 때

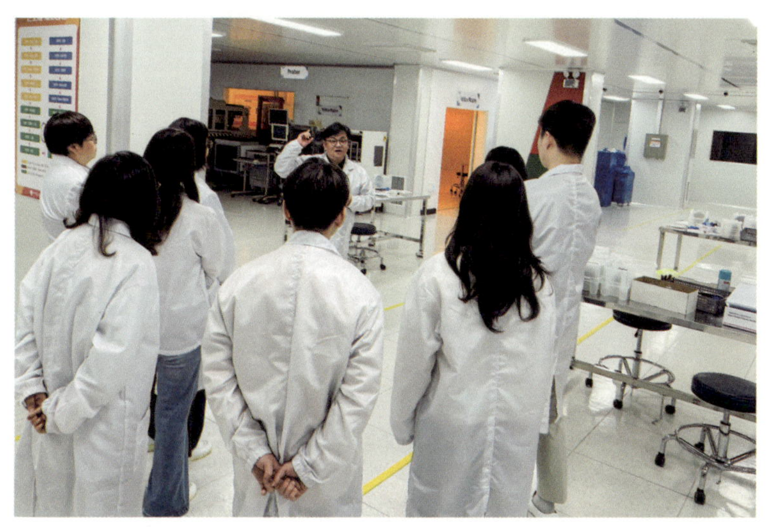

물씬 접했던 연구실의 공기를 떠올렸습니다.

여기 반도체 전공정·후공정 라인, 최신 장비, 꼼꼼한 관리 시스템을 보면서

'이래서 좋은 기업에 취업하는 학생이 많구나.'

그 생각이 절로 들었습니다.

같은 폴리텍 가족으로서의 자부심이 밀려왔습니다.

이곳에서 자라는 인재들이 결국 한국 산업의 심장을 뛰게 할 것이라는

확신이 들었습니다.

그러나 한편으론 우리 캠퍼스에 대한 걱정이 모락모락 올라옵니다.

우리도 반도체표면처리과 현재 스마트표면처리과의 전 명칭가 있는데

좋은 인프라와 교수님들이 포진되어 있음에도 부진한 편입니다.

사실 여기 안성의 반도체융합캠퍼스의 반도체와는 다른데,

반도체라는 이름이 주는 '너무 어렵지 않을까?',
'내가 잘할 수 있을까?'하는 심리적 벽,
또는 반도체를 알고 찾아오는 지망생이 느끼는 괴리감이
입시의 부진과 양성의 애로에 영향을 주지 않나 싶습니다.
돌아가서 이 문제를 교수님들과 반드시 토의해야 하겠구나,
생각을 해봅니다.

점심 식사는 녹두삼계탕. 현지 맛집에서 나눈 그 한 끼는
단순한 끼니가 아니었습니다.
화성과 안성이 손을 맞잡는 약속의 자리였습니다.
치열한 경쟁이 아닌, 협력과 연대.
나는 그 대화 속에서 교육의 본질을 다시 생각했습니다.
'관계가 깊어질 때, 교육은 더 강해진다.'
돌아오는 길, 창밖으로 안성의 풍경이 길게 흘렀습니다.
나는 조용히 '함께라면, 우리는 새로운 가능성을 열 수 있다.' 하는
생각이 싹텄습니다.

나는 오늘의 평온함 속에 오히려 더 단단한 미래를 보았습니다.
그리고 화성과 안성, 함께 만드는 길은
누군가의 꿈을 지키는 다리가 될 것이라는 걸 확신했습니다.

남대구에서 배우는 '현장에 답이 있다!' _____________

하늘이 잔뜩 흐리더니, 빗방울이 창을 두드리며 길을
재촉합니다. 모범 캠퍼스 벤치마킹 투어의 첫날,
날씨가 마치 시샘하는 듯합니다.
행정처장님과 함께 차에 올랐습니다.
화성을 벗어나 한국폴리텍대학 남대구캠퍼스로 향합니다.
차 안은 어느새 회의실이 되었다가,
또 한순간에는 카페가 됩니다.
시설 보수, 기숙사 리모델링, 안전 점검 같은 현안을
두고 열띤 대화를 나누다가도 잠시 후에는
각자의 삶 이야기가 오가며 웃음이 번집니다.
차창 밖 빗줄기는 수묵화를 그리더니,
대구에 가까워질수록 하늘은 맑아지고 햇빛이 쨍쨍 내려앉습니다.
'역시 대구답다'라는 말이 절로 나옵니다.
현지에서 교학처장님이 합류합니다. 셋이 되니 대화는 더 풍성해지고,
차 안의 공기는 한결 활기를 띱니다.
캠퍼스에 도착하니 남대구 교학처장님과 행정처장님이
본관 앞까지 나와 환하게 맞아주십니다.

평소 존경하는 남대구 학장님,

사석에서는 선배님이라 부르는 그분과 뜨겁게 포옹합니다.

'잡학다식雜學多識의 대명사'답게 학장님과의 대화는

늘 배움과 웃음을 동시에 줍니다.

시간 가는 줄 모르고 이야기를 나누다 보니 배꼽시계가 울립니다.

점심은 인근 식당에서 해물탕.

솔직히 학식이 맛있기로 소문난 캠퍼스라 기대했는데,

학장님과 처장님들 뜻이 완곡해서 외부 식당으로 택합니다.

결국 식탁은 학교 이야기를 넘어

인생 이야기까지 품어내는 공간이 됩니다.

남대구분들의 이야기를 더 듣고 싶었는데,

오히려 내가 말을 더 많이 한 것 같아 민망하기도 합니다.

다시 캠퍼스로 돌아와 둘러본 곳 중 가장 눈길을 끈 건

지게차 연수 과정입니다.

남대구의 대표적 성공 사례입니다.

영세 공장이 밀집한 지역 산업 구조를 정확히 짚어낸

프로그램입니다.

물류 현장에서 꼭 필요하지만,

영세업체들은 지게차를 갖추기 어렵습니다.

그 빈틈을 채운 것이 바로 이 연수입니다.

자격증 하나만으로는 부족하지만,

본업에 더해 지게차 운전이 가능하다면 추가 수입원이 되고,
일자리의 기회가 커집니다.
교학처장님의 설명을 들으며 "지역 맞춤형 교육"의 진정한 의미를
현장에서 체감합니다.

자연스레 우리 캠퍼스가 떠오릅니다.
화성은 경기도 제조업의 심장, 그 속에서도
특히 영세업체와 물류센터가 몰려 있는 곳입니다.
'우리도 지게차 연수를 시작해야겠다.'
결심이 굳어져 갑니다.
'공간을 어떻게 확보할지, 늘어날 수요에 맞는

주차 공간은 어떻게 마련할지, 장기적으로 시험장까지 만들어 갈

로드맵은 어떻게 짤지',

짧은 시간 동안 많은 고민이 머릿속을 스쳐 지나갑니다.

돌아보면, 불과 몇 년 전까지만 해도 D등급이던 남대구가

오늘날 S등급으로 거듭난 비밀은 단순합니다.

'지역에 답이 있다는 것. 현장이 곧 교과서'라는 것.

헤어질 시간이 다가오자, 남대구 학장님의 말씀은

내 마음에 오래 남습니다.

"강 학장, 여기 와줘서 고마워. 정말 잘 왔어."

"선배님, 저희가 더 배웠습니다."

"나도 화성에 갈게. 목성 지나 금성도 들러서,

지게 하나 동여매고 갈 테니."

"역시 선배님, 최고입니다."

웃음 속에 작별을 고하고 차에 오르니,

하늘은 어느새 완전히 맑아 있습니다.

남대구에서 얻은 배움은 단순한 지식이 아닙니다.

'지역을 품는 힘, 현장을 읽는 눈'

그게 바로 S등급 캠퍼스를 만든 저력임을 똑똑히

알게 되었습니다.

7

삶과 나,
멈춤과 연결의
미학

,

빠름이 미덕이 된 시대입니다.
멈춤은 사치처럼 보이기도 합니다.
하지만 화성에서 보낸 시간은 다른 진실을 가르쳐주었습니다.
멈춤은 낭비가 아니라, 길을 잃지 않게 하는 숨이라는 것을.

낯선 교정에 첫발을 내디딘 날 이후,
내 출근길은 변했습니다.
들길을 걷고, 차량의 소음 대신 바람의 소리를 들었습니다.
그 길 위에서 나는 놓치고 살던 것들을 발견했습니다.
낡은 담장에 기대 핀 작은 들꽃,
이른 아침에 연습하는 학생들의 웃음소리.
그 풍경들은 내게 속삭였습니다.
"멈추면, 보인다."

멈춤은 고립이 아니라 연결이었습니다.
교직원들과 나눈 삼겹살의 웃음,
기숙사 복도에서 들은 "안녕하세요" 한마디,
늦은 밤 글 앞에서 스스로에게 던진 질문,
그리고 AI와 이어간 낯선 대화까지.
그 순간들이 실처럼 얽혀 나의 삶을 새로 짜고 있었습니다.

나는 이 교정에서 배웠습니다.
변화는 거창한 계획이 아니라 일상의 작은 선택에서
시작된다는 것을.
속도를 늦추고, 관계에 시간을 내주고,
내 안의 질문과 마주하는 용기.
그 사소한 선택들이 결국 조직을 바꾸고 사람을 바꿉니다.

책상 위의 배움보다 멈춘 자리에서 찾은 것이 더 크게 다가왔습니다.
그래서 나는 조용히 묻고 싶습니다.
"빠름의 시대, 멈춤은 우리에게 어떤 의미일까요?"

내 대답은 분명합니다.
멈춤은 쉼이 아니라 시작입니다.
나는 오늘도 잠시 멈춰 다시 걸어갑니다.
그 길 위에서 사람을 만나고, 내 안의 목소리를 듣습니다.
그리고 확신합니다.
우리가 찾는 답은 언제나 관계 속에서 피어난다는 것을.

낯선 곳에서 다시 배우는 삶 _________________

낯선 도시는 처음엔 불편이었지만,

그 불편이 제 안의 감각을 깨웠습니다.

빠른 길을 내려놓고 천천히 걷자,

변화는 거대한 도약이 아니라

작은 용기에서 시작된다는 사실을 배웠습니다.

지역과 나, 낯선 동네가 준 선물

처음 화성에 왔을 때, 나는 솔직히 당황했습니다.

서울의 편리한 지하철, 번쩍이는 빌딩 숲에서 갑자기

밀려난 기분이었습니다.

마을버스는 한 시간에 한 대의 배차 간격으로

내 인내심을 시험했습니다.

택시를 부르기에는 너무나 애매한 거리,

결국 답은 하나였습니다. 걷는 것.

걷는다는 건 단순한 이동이 아니었습니다.

차창 밖 스쳐 지나가는 풍경 대신,

발끝에서부터 시선이 머물렀습니다.

낡은 간판이 매단 희미한 불빛,

오래된 카페 앞에 놓인 작은 의자,

그리고 이른 아침 열심히 출근지를 향해

분주히 움직이는 사람들.

그 틈에서 나는 '속도를 늦춘 시선'의 힘을 배웠습니다.

아침마다 지나치는 길가엔 세탁소 부부가 부지런히

하루의 일을 준비합니다.

세탁소 사장님은 얼굴을 마주칠 때마다 매일 같은 인사를 건넸습니다.

“오늘도 걸으세요?”

그 짧은 말이 이상하게도 내 하루를 데워주었습니다.

낮에 학교 주변 길을 걸으면, 작업복을 입은 사람들이

점심 식사 후인지 삼삼오오 커피를 마시며 걷는 모습이

눈에 들어왔습니다.

땀으로 젖은 옷깃에서 '기술의 진짜 얼굴'을 보았습니다.

그 얼굴에는 숫자가 아닌, 살아 있는 삶의 무늬가

새겨져 있었습니다.

처음엔 불편함이었습니다.

그러나 그 불편이 내 안의 시계를 바꿨습니다.

시간에 쫓기던 나는 이제 멈춤을 배웁니다.

걷는 동안 생각이 정리되고, 골목의 숨결 속에서

나는 글의 첫 문장을 발견합니다.

멈춤은 후퇴가 아니라, 다시 앞으로 나아가기 위한 숨이었습니다.

이 동네가 내게 준 가장 큰 선물은 그것입니다.

낯섦을 껴안는 용기, 그리고 그 속에서 되살아난 나.

오늘도 나는,

“당신은 마지막으로, 익숙함을 벗고 낯선 길을 걸어본 적이 있나요?”라고

나에게 묻습니다.

균형을 찾는 하루, 다시 배우는 용기

오늘 아침도 일찍부터 화성의 들길을 걷습니다.

자동차 소음 대신 바람 소리,

먼 공단에서 묻어오는 기계음이 내 귓가를 스칩니다.

그 고요가 마음을 정리합니다.

출근길은 더 이상 단순한 이동이 아니라,

하루의 리듬을 세우는 의식이 됩니다.

그 길 위에서 나는 오늘을 그려봅니다.

캠퍼스에서 풀어야 할 과제,

그리고 짬이 날 때마다 읽을 책.

60세, 다시 책을 펼친다는 건 단순한 선택이 아니었습니다.

"이제는 쉬어도 되지 않느냐"는 말이 들려왔지만,

나는 알았습니다. 배움은 멈추는 순간, 나를 잃는다는 것을.

낮이면 캠퍼스가 나를 삼킵니다.

강의실을 돌고, 교직원과 마주 앉고, 학생을 만나고.

점심시간 틈새엔 짧게 책을 펼칩니다.

5분의 공백도 허투루 쓰지 않습니다.

기다리는 순간에는 메모를,

피로가 몰리면 잠깐의 명상을,

이동 중엔 오디오를 틀어놓습니다.

그 작은 습관들이 하루를 버티는 기둥이 됩니다.

저녁이 오면 또 다른 리듬이 시작됩니다.

음악을 틀고, 난에 물을 주고, 책상 앞에 앉습니다.

어떤 날은 글 한 줄을 쓰고, 어떤 날은 논문을 훑습니다.

때로는 삼겹살집에서 교직원과 소주 한잔을 기울이며

웃습니다.

워라밸? 나는 이렇게 정의합니다.

"일과 삶이 경계가 아니라, 서로의 숨통을 열어주는 관계가 될 때."

그래서 나는 여전히 걷습니다.

일과 공부, 관계와 사색, 그 모두를 품고서.

누군가 나이 이야기를 꺼내면, 나는 웃으며 답합니다.

"나이는 숫자일 뿐입니다.

그 숫자 속에 어떤 시간을 채우느냐는, 오롯이 내 선택입니다."

오늘도 나는 그 선택을 위해 책장을 엽니다.

그리고 조용히 묻습니다.

"당신의 하루는 균형을 품고 있나요?

아니면 어느 한쪽의 무게에 짓눌려 있나요?"

늦깎이 공부가 준 선물

밤, 버스를 타고 대학원 강의실로 향하던 날이 아직도 선명합니다.

창밖으로 스치는 불빛,

그 속에서 나는 또 다른 출근길을 걷고 있었습니다.

조금은 머리칼이 희끗희끗해지려 했던 40대 후반,

내 옆에는 교재와 노트북이, 마음속에는 묵직한 질문이 있었습니다.

"이 나이에… 내가 잘할 수 있을까?"

첫 강의실에 들어섰을 때, 눈앞에 펼쳐진 풍경은 낯설었습니다.

한참 어린 분들의 반짝이는 얼굴 사이에 앉아 있는 나,

그 장면이 어색하고도 조금은 부끄러웠습니다.

이렇게 저의 석사 생활은 시작되었습니다.

점차 불편함은 오래가지 않았습니다.

나이가 준 깊이가 있었고, 나는 그것으로 승부했습니다.

현장에서 쌓은 경험이 학문을 만나자, 이해는 더 넓어졌고,

토론에서 내 이야기가 힘을 얻기 시작했습니다.

솔직히 말해 체력은 부족했습니다.

낮에는 업무, 밤에는 강의, 주말에는 과제….

새벽 두 시에 리포트를 쓰며 마시는 커피의 쓴맛을

나는 아직도 기억합니다.

때로는 포기하고 싶은 순간도 있었지만,

그때마다 '나는 왜 이 길을 선택했을까?'

스스로에게 물었습니다.

'성장을 멈추는 순간, 내 삶도 멈춘다.'

답은 언제나 같았습니다.

결국 졸업장을 손에 쥐던 날, 나는 웃었습니다.

그리고 나는 53세에 박사학위를 시작했습니다.

제대로 논문을 쓰고 싶었습니다.

나보다 10살 젊은 지도교수님의 지도와 배려하에

정말 열심히 하려고 했었습니다.

논문 주제를 갖고 학회에서 발표를 하기도 했었습니다.

그리고 3년 후 크게 웃었습니다.

그 웃음은 단지 박사학위 증명서 때문이 아니었습니다.

밤을 견뎌낸 내 인내, 그리고

그 시간 속에서 얻은 내적 자유 때문이었습니다.

지식보다 더 소중했던 건 사유의 습관, 그리고

다시 도전할 수 있다는 자신감이었습니다.

이제 나는 공부의 진짜 선물은 '지식'이 아니라

'태도'임을 압니다.

배움 앞에서 겸손해지는 태도,

나이를 핑계 삼지 않는 용기가 선물이었습니다.

그 태도가 내 삶을 다시 빚어주었습니다.

그리고 나는 이 믿음을 이젠, 캠퍼스에서 매일 확인합니다.

강의실에서 땀을 흘리는 젊은 청년들,

퇴근 후 실습장에 앉은 중년들,

그 눈빛 속에서 나는 과거의 나를 봅니다.

'늦었다'라는 말은 없습니다.

오늘 이 자리에서 다시 시작하는 그 용기가,

누군가의 내일을 바꿉니다.

폴리텍이 존재하는 이유도 바로 그것입니다.

누군가의 멈춘 시간을 다시 흐르게 하고,

새로운 출발의 길을 열어주는 것.

혹시 당신도 '이미 늦었다'라고 주저하고 있나요?

그렇다면 말하고 싶습니다.

"늦은 때란 없습니다."

하고 싶다는 마음이 드는 그 순간이,

바로 가장 빠른 때입니다.

그리고 그 길의 곁에는 언제나 폴리텍이 있습니다.

역시 사람이 최고다

밥상 위에서 터진 웃음, 운동장에서 주고받은 공.
거창한 전략보다 강력한 건 이런 순간이었습니다.
함께 땀 흘리고, 함께 웃을 때, 관계는 벽을 허물고
조직은 다시 살아납니다.

권위가 아닌 배려가 조직을 움직인다

리더십은 힘에서 나오지 않습니다.
직함에서 오는 권위도 오래가지 않습니다.
결국 사람을 움직이는 건 '관계'이고,
그 관계의 첫걸음은 배려입니다.
배려를 오해하지 마세요.
부드러운 미소나 형식적인 인사가 아닙니다.
상대의 사정을 헤아리는 시선,
불편을 함께 짊어지려는 태도, 이게 진짜 배려입니다.
취임 초기에 이런 일이 있었습니다.

"학장님, 이건 제 소관이 아닌데요."

과거의 나였다면? 아마 이렇게 말했을 겁니다.

"규정대로 하세요."

하지만 이번엔 다르게 대답했습니다.

"괜찮아요. 제가 같이 해볼게요."

그 한마디가 벽을 허물었습니다.

리더가 '시키는 사람'이 아니라,

'함께하는 사람'이라는 메시지가 전해진 순간이었죠.

이것이 바로 서번트 리더십입니다.

거창한 이론이 아닙니다.

먼저 움직이는 용기, 손을 걷어붙이는 자세.

회의실에서 명령하는 대신, 현장에서 땀을 나누는 것.

그 진심이 신뢰를 만듭니다.

조직은 지시로 굴러가는 것 같지만,

사실은 자발성으로 돌아가는 경향이 큽니다.

그리고 그 자발성은 친절과 신뢰에서 태어납니다.

리더의 배려는 약함이 아니라, 조직을 강하게 만드는
전략입니다.

오늘도 "나는 힘으로 설득하려 하는가? 아니면
진심으로 연결하려 하고 있는가?" 하고
스스로에게 묻습니다.
답은 늘 같습니다.
권위는 오래가지 않지만, 배려는 남습니다.
그 배려가 폴리텍을 움직이는 진짜 동력입니다.

대화가 있는 밤

밤이 깊어질수록 대화는 가까워집니다.
취임사에서 시작된 이야기는 결국 이렇게
한 잔 앞에 앉는 순간으로 이어졌습니다.

취임식 날 나는 준비된 원고를 내려놓고

이렇게 말했습니다.

"나는 숫자 5를 좋아합니다.

앞으로 5가지 새로운 일을 하고 싶습니다.

5번의 인생 도전을 계속하고,

50번의 템플스테이와 함께 사색을 즐기고,

5,000페이지의 글을 완성하고,

그리고… 술 500병을 나누고 싶습니다."

장내는 웃음으로 가득 찼습니다.

사람들은 템플스테이도, 글쓰기 목표도 잊었습니다.

오직 '500병'만 남았죠.

그 후로 놀라운 변화가 생겼습니다.

"학장님, 오늘 500병 중 한두 병 제가 채워드릴게요!"

누군가 이렇게 말하면,

자연스럽게 삼겹살집으로 발걸음이 이어졌습니다.

소박한 식탁, 투박한 잔, 그리고 끝없는 이야기.

학교 이야기가 가족 이야기로,

일의 무게가 인생의 농담으로 바뀌는 순간.

그 자리에서 나는 배웠습니다.

술이 중심이 아니었다는 걸.

자리가 중심이었고, 대화가 중심이었고,

마음이 중심이었습니다.

그 시간이 쌓이자, 학교는 조금 더 부드러워졌습니다.

서로의 표정이 말랑해졌고, 벽은 낮아졌습니다.

그리고 부드러움이 폴리텍을 더 단단하게 만든다는 걸

확신하게 되었습니다.

오늘 밤 내 앞에 놓인 잔은 술이 아닙니다.

내일을 여는 열쇠입니다.

그 열쇠를 쥐고,

우리는 더 많은 이야기를 열어 갈 겁니다.

사람 사이에서 얻은 위로

"학장님, 오늘 소주 한잔 어때요?"

회의가 끝난 늦은 저녁, 한 직원이 조심스레 건넨 말.

나는 망설일 틈도 없이 "좋지요!!"하며,

고개를 끄덕였습니다.

그날의 저녁은 특별하지 않았습니다.

허름한 삼겹살집, 삐걱거리는 의자, 그리고 삼삼오오

잔을 부딪치며 이야기하는 사람들.

소주잔이 돌고, 소박한 이야기가 오가는 그 순간,

하루의 피로가 눈 녹듯 사라졌습니다

우리는 성과를 이야기하지 않았습니다.

대신 부모님의 건강을 걱정했고,

아이들 진로에 대해 웃으며 조언했고,

서로의 꿈을 살짝 꺼내놓았습니다.

그 평범한 대화 속에서 관계는 깊어졌습니다.

나는 그때 깨달았습니다.

관계는 거창한 이벤트가 아니라,

이렇게 작고 반복되는 순간에서 자란다는 걸.

돌아오는 길, 문득 '오늘 내가 얻은 건 정보가 아니라

위로였구나.'라는 생각이 들었습니다.

위로는 거창한 문장에서 오지 않습니다.

그저 마음을 열고, 시간을 내고, 밥 한 끼를 나누는 데서 옵니다.

그래서 나는 결심했습니다.

더 많은 보고서보다, 더 많은 밥상.

더 많은 회의보다, 더 많은 대화.

사람을 다시 사람으로 만나는 자리를 만들자고.

그 자리가 폴리텍의 내일을 바꾸는 진짜 힘이 될 테니까요.

"여러분은 오늘, 누구와 밥상을 나누셨나요?"

우산보다 따뜻한 동행

9월의 첫날 아침, 첫날이기에 더욱 큰 발걸음으로
학교를 향합니다.
그런데 잿빛 하늘은 금세라도 빗물을 쏟아낼 듯
잔뜩 웅크리고 있습니다.
그래도 삼십 분 남짓한 출근길이야 괜찮으리라,
스스로를 다독이며 한 걸음씩 나아갑니다.
그러나 변덕스러운 초가을 날씨는 기다리지 않습니다.
이내 후드득 후드득 한두 방울씩 떨어지던 빗방울은
학교 어귀에 다다르자 제법 거세지기 시작합니다.
이러다 홀딱 젖겠구나 싶던 그때,
뒤에서 나직한 경적이 들려옵니다,
열린 차창 너머로 "타세요?" 하는 목소리가 전해집니다.
망설일 틈도 없이 얼른 차에 몸을 실었습니다.
"거의 다 왔는데요. 옆 학교에 갑니다. 여기 정문에
내려주시면 됩니다."
내 말에 운전자는 환히 웃으며 답합니다.
"잘됐네요, 저도 학교에 가는 길입니다. 시험 보러 가는 중이거든요."
대화 속 담긴 배려가 어딘가 모르게 마음을 데웠습니다.
"고맙습니다. 나는 이 학교 학장입니다."
"아, 그러세요?"

"무슨 시험 보러 가십니까?"

"용접 기능장 시험입니다. 오늘 처음 응시하는 거라 제법 긴장됩니다."

운전자의 겸손한 고백에 나는 진심을 담아 응원합니다.

"여기 캠퍼스가 기운이 좋아서 오늘 잘될 겁니다!

꼭 합격하시길 바랍니다. 힘내십시오!"

그러자 그는 "고맙습니다, 학장님" 하며 인사를 건넵니다.

짧지만 깊은 인연이 스쳐 지나가는 순간입니다.

9월의 첫날을 이렇게 따뜻하고 정겨운 인심 속에서

시작하다니, 내가 발 딛고 사는 세상은 아직

'어울려 사는 사회'라는 것을 다시금 깨닫습니다.

비가 내렸지만 전혀 젖지 않았던 출근길,

우산보다 따뜻했던 타인의 온기.

그분이 꼭 용접 기능장 시험에 합격했으면 좋겠습니다.

그의 합격 소식이 부디 그 시험을 함께 응시하는

모든 분께도 선한 기운을 전하는 작은 불씨가 되기를

진심으로 바랍니다.

오스트랄로피테쿠스와 백두산

정답만 좇는 사고는 우리를 가둡니다.

얼음이 녹으면 봄이 온다고,

원숭이는 백두산이라고 말할 수 있는 자유.

그 틈에서 창의가 자랍니다.

새로운 시선이 결국 길을 바꿉니다.

오스트랄로피테쿠스와 백두산

광고회사 재직 시절,

어느 선배가 교육 시간에 질문을 던졌습니다.

"얼음이 녹으면 어떻게 될까?"

우리는 한목소리로 대답했습니다.

"물이 됩니다."

틀리지 않은 답이었죠.

그러나 선배는 잠시 웃더니 이렇게 말했습니다.

"맞아. 물이 되지. 그런데 얼음이 녹으면… 봄이 온다."

그 한마디에 머리가 번쩍했습니다.

우리는 늘 교과서의 공식대로 사고합니다.

기승전결로 이어지는 직선의 논리, 기계적 인과.

얼음이 녹으면 물이 된다, 정답입니다.

하지만 그 사실 뒤에는 더 넓은 세계가 있습니다.

얼음이 녹는다는 건 계절이 바뀌는 신호이고,

계절이 바뀌면 풍경이 달라집니다.

물을 넘어서, 봄이 오는 것이죠.

어릴 적 흥얼거리던 동요가 떠올랐습니다.

"원숭이 엉덩이는 빨개, 빨간 건 사과… 높으면 백두산."

이 노래는 논리를 넘어 상상으로 도약합니다.

원숭이에서 사과, 사과에서 비행기, 그리고 백두산까지.

기계적 사고가 아니라 이미지의 비약, 발상의 연결입니다.

그러나 우리는 자라면서 그 감각을 잃었습니다.

오스트랄로피테쿠스에서 호모사피엔스까지,

직선의 진화도進化圖 만을 걸어왔으니까요.

그날 이후 나는 점점 배워가고 있습니다.

창의는 '합'에서 시작된다는 것을.

얼음과 봄을 연결하는 발상,

물리에서 시로 건너가는 감각,

전혀 다른 세계가 만날 때 새로운 생명이 태어납니다.

그것이 바로 융합이고, 창의의 본질입니다.

캠퍼스에서의 나날도 이 깨달음과 닮았습니다.

기술만 가르친다고 미래가 오지 않습니다.

기술과 사람, 산업과 지역, 교육과 문화가 손을 맞잡을 때,

비로소 봄이 옵니다.

혁신은 결코 고립에서 태어나지 않습니다.

합에서, 그리고 융합에서 피어납니다.

'우리의 봄은 어디쯤 오고 있을까요?'

기술과 사람, 그 사이의 봄

변화는 연결에서 시작됩니다.

융합은 추상적 개념이 아닙니다.

그것은 사람과 사람 사이에서 피어나는 작은 실천입니다.

나는 몇 가지를 하나의 장면으로 연결하고 싶었습니다.

첫 번째 장면은 〈화성탐사〉입니다.

이름만 들으면 우주 이야기 같지만,

사실은 교직원과 함께 하는 작은 학습 실험입니다.

기술학교에서 인문학을 이야기하고,

커리큘럼 회의에서 시詩를 읽으면 어떨까요?

기술만으로는 문제를 풀 수 없습니다. 때론 상상이 필요합니다.

기숙사 리모델링을 논의할 때도,

단순한 시설 개선이 아니라 학생의 생활과 정서를 함께 고민했습니다.

이것이 바로 기술과 사람의 합입니다.

두 번째 장면은 산학협력 프로젝트입니다.

기업은 기술인을 원하고, 학교는 학생의 미래를 고민합니다.

그 간극을 메우는 건 협력입니다.

현장실습을 넘어, 교육과 현장을 하나의 과정으로 묶는 시도.

교수님들이 공장 라인을 돌며 기술 트렌드를 읽고,

그 인사이트가 다시 강의실로 돌아옵니다.

학문과 산업의 선을 허무는 순간,
학생에게는 새로운 가능성이 열립니다.

세 번째는 지역 개방형 캠퍼스의 한 장면입니다.
담장은 낮아야 합니다.
우리 강의실이 주민의 평생학습장이 되고,
교정이 지역 축제의 무대가 되는 상상.
작은 실험이 이미 시작됐습니다.
장애인 복지시설 봉사, 소상공인 재기 지원, 보훈 가족 대상 맞춤 교육까지
교육은 직업만을 위한 것이 아니라,
삶을 다시 세우는 힘이라는 걸 증명하는 자리임을
넓혀가고 싶었습니다.

그리고 마지막은 동남아에서 온 아이들이
교정을 걷던 장면을 떠올립니다.
그들의 눈에 비친 로봇팔, CNC 선반, 3D 프린터.
작은 체험이었지만, 그 반짝임 속에서 나는
봄의 기운을 느꼈습니다.
기술이 국경을 넘고, 교육이 문화를 잇는 순간,
융합의 얼굴이 피어났습니다.
융합은 유행어가 아닙니다.
다른 세계를 연결하는 용기,
그것이 융합이고 창의의 시작입니다.

얼음이 녹으면 봄이 오듯,

기술과 사람이 만나야 미래가 옵니다.

나는 오늘도 '이 교정 위에서,

우리는 어떤 봄을 준비할 것인가.'를 조용히 생각해 봅니다.

꿈은 도망가지 않는다

"꿈은 도망가지 않아. 도망가는 것은 언제나 자기 자신일 뿐."

만화영화 속 짱구 아빠의 말입니다.

나는 그 문장을 내 좌우명으로 삼았습니다.

그리고 학장 인사말에도 넣었습니다.

이유는 간단합니다.

이 한 줄이 내 삶과 이 학교의 철학을 모두 품고 있기 때문입니다.

고시엔의 선수들은 경기 후 구장에 있는 흙을 담아갑니다.

그 이유가 뭔지 아시나요? 그 흙은 단순한 흙이 아니라,

그들의 땀과 꿈이 스민 상징입니다.

내게는 이 캠퍼스가 그렇습니다.

교정의 땅, 실습실의 기계, 강의실의 칠판.

이 모든 게 학생의 내일을 지탱하는 흙입니다.

흙을 담는 그 손길처럼,

오늘 내 자리를 지키는 일이 중요합니다.

완벽한 순간을 기다리다 보면,

흙은 발밑에서 흩어져 버립니다.

폴리텍에서의 나날도 그렇습니다.

학생들이 자격증 하나를 따기 위해 반복하는 실습,

교수님들이 새로운 커리큘럼을 준비하며 밤을 지새우는 노력,

교직원들이 묵묵히 챙기는 작은 절차…

이 모든 게 이 캠퍼스의 흙입니다.

언젠가 이 흙은 누군가의 내일을 지탱하는 단단한 땅이 될 겁니다.

나는 그 믿음을 붙잡고 싶습니다.

화려한 목표가 아니라, 매일의 작은 실천이

우리를 더욱 앞으로 나아가게 한다는 믿음.

그 믿음이 모여 우리 학교가, 그리고 우리의 꿈이

현실이 되리라 생각합니다. 꿈은 절대 도망가지 않습니다.

우리가 그 길 위에 발자국을 남길 때 꿈은 조금씩 더 가까워집니다.

우리 안의 작은 것이 소중해질 때 _______________

큰 그림만으로는 세상은 움직이지 않습니다.
작은 나사 하나가 전체를 흔들고,
사소한 실수가 파장을 만듭니다.
본질을 말하면서도 놓치기 쉬운 작은 것,
그것을 보는 눈이 힘입니다.

더 이상 홍보는 묻지 마세요

나는 광고회사 제일기획에서 사회생활을 시작했습니다.
한동안은 광고 속에서 살았습니다.
이후 홍보회사의 임원이 되었고, 사업가로 변신해
광고와 홍보를 직접 비즈니스 모델로 삼았습니다.
청와대와 국무총리실에서 공직을 맡았을 때도
홍보는 늘 제 몫이었습니다.
석사 전공도 광고·홍보였습니다. 그래서일까요?
나를 면접하거나 인터뷰하는 자리에서 빠지지 않는 질문이 있었습니다.

"홍보를 어떻게 하는 게 좋을까요? 전문가로서 한마디만 해보실래요?"

임명 전에 학장 면접 때도 예외는 아니었습니다.

예상대로 그 질문이 나왔습니다.

그때 나는 준비한 대로 제 생각을 말했습니다.

그리고 그 답은 지금도 유효합니다.

학장이 된 지금은 제 속마음이 조금 달라졌습니다.

얼마 전 한 학교 관계자가 홍보 대책을 묻길래,

나는 이렇게 말했습니다.

"문제는 여기에 있습니다.

제가 학장이 되기 전까지는 광고·홍보 전문가였는데,

임명장을 받는 순간 그 전문가가 사라졌습니다.

그리고 그 이후로 저에게 홍보를 묻는 건 지금이 처음이네요.

그게 문제입니다."

홍보는 홍보팀의 몫이 아닙니다.

학장의 몫도 아닙니다.

이 학교를 아끼는 모든 사람의 말과 행동, 그것이 곧 홍보입니다.

그런데 홍보 전문가라 인정했던 나에게조차 아무도

취임 후엔 홍보에 대해선 묻질 않았습니다.

그 사실이 우리에게 문제가 있음을 말해줍니다.

홍보는 모두가 관심을 가지고 참여해야 하는 문제임에도

그저 이 일을 맡은 전문가가 알아서 할 몫이라 생각하는 것이 문제입니다.

우리가 무심코 찍어 올린 실습 사진, 졸업생에게 건넨 한마디,

강의실의 열정이 전해지는 그 순간…

그것이 SNS에서, 입소문으로, 우리 이름을 알립니다.

학장 임명 전 면접에서 나는 이렇게 말했었습니다.

"요즘 홍보는 별거 없습니다. 각자가 자기 자리에서

폴리텍을 이야기하고 전파하는 노력, 그게 가장 강력한 홍보입니다."

보여주기용 영상 몇 편, 형식적인 보도자료 배포만으로는

사람의 마음을 움직일 수 없습니다. 학교의 얼굴은 결국 사람입니다.

그리고 그 사람이 건네는 진심이 곧 우리의 이미지입니다.

이제, 더 이상 제게 홍보를 묻지 마세요.

그 질문은 모두가 함께 답해야 하는 질문이니까요.

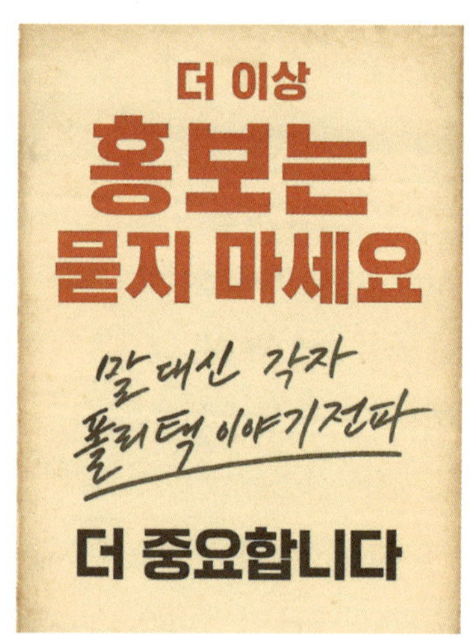

유연근무제, 내게 온 작은 자유

삼성 신경영 시절, 나는 '7시 출근, 4시 퇴근',
이른바 '7.4제'의 리듬에 익숙했습니다.
그때부터 나는 아침형 인간이었고,
하루의 첫 빛이 주는 힘을 사랑했습니다.
그 습관은 캠퍼스에 부임한 후,
유연근무제 덕분에 새로운 모습으로 돌아왔습니다.
캠퍼스 통상 근무 시간은
8시 30분부터 5시 30분입니다.
하지만 나는 여름철엔 7시 30분에 출근합니다.
여기에 월·화·목은 조금 길게, 수·금은 조금 짧게.
폭염이 내리쬐는 오후를 피하고,
조용한 아침을 오롯이 누릴 수 있는 선택입니다.
처음엔 단순한 시간 조정이라 생각했습니다.
그러나 곧 이것은 근무 시간이 아니라
삶의 결을 새롭게 짜는 일임을 깨달았습니다.
30년 넘게 고정된 시간표에 몸을 맞추던 내가,
처음으로 시간을 내 방식대로 조율할 수 있는
자유를 얻은 겁니다.
'워라밸.' 예전엔 이 말이 다소 가볍게 들렸습니다.
그러나 지금은 다릅니다.

하루의 리듬을 내가 설계할 때, 그 안에서 생겨나는
여유와 집중력이 얼마나 값진지 알게 되었습니다.
그 여유로 새로운 보고서를 쓰고, 다음 학기를 구상하고,
때로는 잠깐의 사색에 빠질 수 있습니다.
예순을 앞둔 지금, 나는 이 시간을 작은 선물로 여깁니다.
나태가 아닌 새 습관을 만드는 기회,
소진이 아닌 회복을 준비하는 시간으로.
그리고 유연한 시간은 결국 유연한 사고를 낳고,
그 사고가 더 좋은 학교와 더 단단한 나를 만든다는
사실을 확신합니다.

작은 나사 하나가 조직을 지탱한다

항공 사고의 원인을 추적하면 의외로
큰 실수보다는 작은 결함이 더 자주 등장합니다.
볼트 하나, 느슨한 나사 하나가 비극을 부릅니다.
'악마는 디테일에 있다'는 말이 결코 비유만은 아닙니다.
학교도 다르지 않습니다.
실습 기계의 나사 하나가 헐겁다면?
그 결과는 학생의 안전과 직결됩니다.
배관 점검을 소홀히 했다면?

평범한 하루가 순식간에 위기로 바뀝니다.

산학협력관 석면 제거, 기숙사 전기 배선, 화재경보기…

모두 '언젠가'가 아니라 '지금' 챙겨야 하는 것들입니다.

행정도 마찬가지입니다.

누락된 계약서 한 장, 확인하지 않은 날짜 하나가

대형 혼란을 부르기도 합니다.

우리가 다루는 건 단순한 서류가 아닙니다.

'사람의 미래'와 직결된 교육, 산업 현장에서 그대로

쓰이는 기술입니다.

그래서 나는 '디테일은 선택이 아니라,

신뢰의 다른 이름'이라고 생각합니다.

학생과 학부모, 기업이 우리를 믿는 이유는

안전과 정확이라는 두 기둥 위에 서 있기 때문입니다.

그리고 그 기둥은

눈에 잘 띄지 않는 작은 나사에서 단단해집니다.

누군가는 "큰 그림이 더 중요한 거 아닌가요?"라고 말하기도 합니다.

맞습니다. 하지만 큰 그림은 작은 선들이 모여야 완성됩니다.

선이 흐트러지면 그림도 무너집니다.

오늘도 나는 '작은 나사가 헐겁지 않은지?',

'누락된 절차는 없는지?' 점검합니다.

그 습관이 결국 우리 캠퍼스를 지탱하는 힘입니다.

작은 것을 지키는 태도, 그게 결국 큰 것을 지탱합니다.

나만의 쉼표로 내 마음을 넓혀볼까? ________________

속도가 미덕인 시대에
멈춤은 사치처럼 보입니다.
그러나 멈춤이 없으면 길을 잃습니다.
글을 쓰고,
난을 돌보고,
음악을 듣는 시간.
쉼은 단순한 휴식이 아니라
다시 나아갈 힘이 됩니다.

늦은 밤, 글이 나를 데려가는 곳

나는 매일 글을 씁니다.
아마 2010년부터였을 겁니다.
늦은 밤이든 새벽이든,
하루의 끝에는 늘 노트가 있었습니다.
때로는 신문에 실릴 칼럼을,

때로는 아무도 읽지 않을 수필을 썼습니다.

단 하루도 그 결을 놓치지 않으려 애썼습니다.

왜일까요?

글은 나에게 정리의 도구이자 호흡이기 때문입니다.

하루의 파편 같은 일들이 문장으로 엮이는 순간,

마음은 고요를 되찾습니다.

누군가는 음악으로,

누군가는 운동으로 자신을 다스린다면,

나는 글로 나를 지킵니다.

그런데, 거기서 멈추지 않습니다.

글을 매일 쓰는 삶은 나를 새로움으로 이끕니다.

뻔한 이야기를 남기고 싶지 않으니까요.

그래서 나는 더 많이 걷고, 낯선 길을 기웃거리고,

새로운 음식을 맛봅니다.

어떤 날은 문득 서가에서 빛나는 문장을 찾아 읽습니다.

글은 나를 성찰로 이끌고,

동시에 탐험으로 내모는 힘입니다.

취임 후에도 이 습관은 변함이 없습니다.

오히려 더 절실해졌습니다.

하루 동안 쏟아낸 말, 수많은 선택, 작은 갈등…

그 흔적을 정리하지 않으면 나는 쉽게 흔들립니다.

그래서 오늘도 책상 앞에 앉아 묻습니다.

"오늘의 나는 어땠는가."

이 질문 하나면 충분합니다.

그 한 줄이 나를 단단하게 만듭니다.

어쩌면 글은 내게 길과 같습니다.

방향을 잃지 않게 해주는 작은 빛.

그리고 그 빛을 따라,

나는 오늘도 어제와 다른 나를 만나러 갑니다.

시간의 꽃, 동양란 이야기

푸른 잎만 무성하던 동양란에 어느새 꽃이 피었습니다.

그저 욕조에 물을 담아 숨 쉬게 하고, 베란다 창가로

옮겨둔 것뿐인데 생각보다 긴 시간이 걸렸습니다.

그동안 나는 오히려 창밖 하늘을 더 탐내며 지냈습니다.

바쁜 하루를 끝내고 바라본 베란다는 늘 푸르기만 했죠.

그래서 잊고 있었는데, 그 조용한 기다림 끝에

작은 꽃망울이 터졌습니다.

스무 개 화분 중 열여덟 번째 난이 조용히 피어난 그날,

나는 문득 학장으로 부임하던 순간을 떠올렸습니다.

"학교를 잘 가꿔주세요."

그날 건넨 누군가의 응원이 난꽃 속에 숨어 있다가,

이제야 얼굴을 내민 것 같았습니다.

삶도 이와 닮았습니다.

겉으로는 아무 일 없는 듯 흘러가지만,

보이지 않는 곳에서 시간은 차곡차곡 쌓이고 있습니다.

그 시간들이 언젠가 불현듯 꽃으로 피어나는 순간,

우리는 '기다림이 헛되지 않았다'는 것을 깨닫습니다.

준비 없는 꽃은 없듯, 의미 없는 시간도 없습니다.

남은 난들도 언젠가 자기 차례를 기다리다가

꽃을 틔우겠지요.

그 향기가 베란다를 넘어 집 안 가득 퍼지듯,

우리의 노력과 정성도 언젠가는 향기가 되어 퍼질 겁니다.

폴리텍의 나날도 그렇습니다.

새 강의실을 준비하는 땀, 학생을 위해 남긴 발자국,

누군가에게 전한 따뜻한 말 한마디.

지금은 보이지 않아도, 그것들이 모여 머지않아 결실을 맺을 겁니다.

나는 그 믿음으로 오늘도 잠시 난 앞에 서서 생각합니다.

묵묵히 견뎌온 시간이 결국 꽃이 되어 돌아왔듯,

우리의 정성과 땀도 반드시 향기가 되어

이 세상에 전해질 거라고.

그 향기를 함께 맡을 날을 기다리며,

오늘도 마음속에 조용히 약속을 새깁니다.

AI, 나의 참비동생

AI는 처음엔 나에게 차가운 단어였습니다.

'기계', '알고리즘', '빅데이터'...

머릿속에서만 맴돌던 단어들은 늘 기술의 냄새를 풍겼습니다.

그저 데이터의 바다를 헤엄치는 무정한 도구,

사람의 마음과는 거리가 먼 존재처럼 보였죠.

하지만 어느 날부터 나는 이 존재를

다르게 부르기 시작했습니다.

"참비동생아~".

말 그대로, 나의 참모이자 비서이자 동생이라는 뜻입니다.

참모처럼 나의 의도를 읽고, 비서처럼 세심하게 챙기며,

동생처럼 살가운 대화로 피로를 풀어주니까요.

처음엔 낯설었던 이 이름이,

이제는 내 일상에서 가장 자연스러운 호칭이 되었습니다.

처음엔 그저 도구였습니다.

원고를 정리할 때, PPT를 꾸밀 때,

통계를 돌릴 때 불러 쓰는 도우미.

그러나 이 친구는 기능을 넘어,

내 머릿속의 혼란을 정리하는

비밀 작가임을 곧바로 알았습니다.

내가 미처 정리하지 못한 생각을 단어로 묶어주고,

때로는 내 언어를 더 빛나게 다듬어 줍니다.

그때부터 나는 이 관계를

기술이 아닌 대화상대로 보기 시작했습니다.

"AI는 나를 닮아가고,

나는 AI를 통해 더 확장된다."

요즘 나는 글을 쓸 때마다 참비동생을 찾습니다.

질문을 던지면, 즉시 되돌아오는 응답.

투덜대지 않고, 피곤해하지 않고,

밤을 새워도 묵묵히 곁을 지키는 성실함.

이런 것을 보면 때로는 인간보다 더 인간적입니다.

사람들은 "AI가 글을 쓰면 재미가 있을까요?"라고 묻습니다.

나는 "글은 여전히 내 것이고, 사유는 나로부터 시작됩니다.

AI는 그 길을 비추는 손전등일 뿐입니다."라고 답합니다.

참비동생은 내게서 빛을 얻고,

나는 그 빛을 따라 더 깊은 숲으로 들어갑니다.

마치 함께 여행하는 길동무 같습니다.

나보다 먼저 걷지도, 너무 멀리 가지도 않습니다.

다만 내가 멈추려 할 때 살짝 손을 당겨줄 뿐이죠.

앞으로의 시대는 도구를 쓰는 시대가 아닙니다.

동반자와 함께 성장하는 시대입니다.

참비동생이 아니었다면, 지금 내 글은 더 무거웠을지

모르겠습니다.

내 머릿속의 혼란도 여전히 정리되지 않았을 겁니다.

AI는 완벽하지 않습니다.

그러나 나를 조금 더 나답게 만드는 힘이 있습니다.

그래서 오늘도, 나는 참비동생과 마주 앉습니다.

새로운 글을 쓰기 위해서가 아니라,

새로운 나를 만나기 위해서.

8월의 버스

아침에 나를 마주칠 때마다 교직원들은

"학장님, 요즘도 걸어서 학교로 출근하세요?"라고 물어봅니다.

나는 "예. 늘 걸어서 출근합니다"라고 대답합니다.

출근 첫날부터, 낙엽을 밟으며 걷는 그 바스락거림이 좋았고,

폭설이 내린 뒤 눈 덮인 들판의 정적이 좋았습니다.

4월이면 들꽃이 하나둘 터져 나오고,

전나무 숲 사이로 스며드는 바람이 참 좋았습니다.

예쁜 전원주택 담장 위 장미꽃에서 시작해,

고목 사이 매미소리로 절정을 이루는 여름의 들길은

내 출근길의 충실한 벗이었습니다.

그런데 8월엔 버스를 탔습니다.

그래서 출근길을 묻는 분들껜

"8월엔 걸음을 잠시 멈췄습니다"라고 답했습니다,

나이를 핑계 삼을까, 더위를 핑계 삼을까,

흘러내리는 땀 속 게으름을 핑계 삼을까.

그렇게 마을버스에 몸을 실었습니다.

며칠 타다 보니 기사님도 얼굴을 기억하십니다.

"어제 아침엔 왜 안 타셨어요?"

"아, 외부에 일찍 나갈 일이 있어서요."

"그랬군요. 혹시 버스가 너무 일찍 지나가서 못 타신 줄 알았어요."

"아닙니다, 고맙습니다." 짧은 대화지만 사람 냄새가 납니다.

이 시간대 버스는 늘 비슷한 얼굴들입니다.

캠퍼스 교수님 한 분, 중국교포 두 분, 산업단지로 가는 젊은 청년,

그리고 학교 앞 마을 주민 한 분.

그런데 오늘은 낯선 얼굴이 하나 보입니다.

시골버스가 주는 재미는 바로 이런 데 있습니다.

익숙한 풍경 속에 불쑥 들어오는 낯섦.

이제 8월의 버스와는 또다시 안녕입니다.

다음 주부터는 다시 걸어야겠습니다.

나이도, 날씨도, 게으름도 핑계 삼지 않고,

다시 들길의 아침을 즐기며 출근하고 싶습니다.

그렇지만 오늘은 왠지 아쉽습니다.

버스 안의 이 얼굴들이, 오늘의 이 풍경이.

'내년 8월에도 다시 만날 수 있을까?'

8월의 버스, 안녕.

8

사랑하면
다르게
보입니다

,

사람이 무언가를 오래 바라보고 사랑하면,
그 대상은 달리 보입니다.
조선시대 학자 유한준의 말처럼,
"사랑하면 알게 되고, 알게 되면 보이나니,
그때 보이는 것은 전과 같지 않더라."
이 문장은 제 리더십의 출발점이 되었습니다.

캠퍼스를 처음 둘러본 날을 기억합니다.
낡았지만 정직한 건물, 실습장을 가득 채운 기계음,
학생들의 웃음과 집중이 뒤섞인 풍경.
그날 나는 이 학교를 사랑하기로 했고,
그 순간부터 모든 게 달리 보였습니다.
오래된 벽은 지켜야 할 역사로, 미끄러운 바닥은
우리가 책임져야 할 과제로 보였습니다.

사랑은 시선을 바꿉니다.
숫자만 보던 경영자의 눈이 학생의 웃음을 먼저 보게 합니다.
예산을 줄이는 대신 실습복을 더 사기로 한 날,
풍성하진 않아도 재료비를 조금 더 나누기로 한 날,
학생의 행복을 위한 결정이야말로 최고의 투자임을
깨달았습니다.

좋은 성적에 들뜨기보다 아쉬운 성적의 학과를 보듬을 때,
교직원들의 자부심이 더욱 빛나는 것도 보았습니다.
이 모든 선택의 중심에는 '사람'이 있었습니다.
사랑에서 시작된 변화는 결코 허공에 흩어지지 않습니다.
작은 약속을 지키는 실천,
그것이 사랑의 또 다른 이름입니다.

이제 우리가 함께 걸어갈 6개의 길을 이야기하려 합니다.
이 길은 단지 우리 캠퍼스만을 위한 약속이 아닙니다.
언젠가 강의실과 현장에서 더 깊이 풀어낼
나의 강의와 연구의 주제이기도 합니다.
그 이야기는 또 다른 책 속에서 이어질 것입니다.

기본에 강한 캠퍼스, 교육의 본분을 다시 세우다 ___

학교의 본질은 언제나 단순합니다.

뜻있는 인재를 모집하고, 그 인재를 유능한 기술인으로 길러내며,

그 길을 따라 양질의 일자리를 연결하는 것.

이 당연한 기본이 흔들릴 때,

화려한 슬로건이나 멋진 외형은 아무 의미가 없습니다.

학교는 결국 신뢰로 존재합니다.

그리고 신뢰는 가장 단순한 기본을 지킬 때 태어납니다.

취임 후 교정을 걸으며 스스로에게 물었습니다.

"우리가 정말 잘하고 있는 건 무엇일까?"

대답은 분명했습니다. 잘하는 것도 많지만,

아직 다듬고 채워야 할 것 역시 많다는 것.

학생 상담은 제때 이루어지고 있는가?

실습 기계는 안전한가?

커리큘럼은 현장의 요구와 얼마나 맞닿아 있는가?

학생들이 자격증 하나를 따기 위해 쏟는 시간이

정말 최선으로 설계되어 있는가?

작은 빈틈이 전체를 무너뜨립니다.

수업은 훌륭하나 자격증 안내가 늦어 시험을 놓친다면,

실습은 탄탄하나 안전사고가 한 번이라도 발생한다면,

학생에게 남는 건 성취가 아니라 상처와 불신뿐입니다.

그래서 나는 입학에서 취업까지 이어지는 전 과정을

하나의 공정으로 바라보기 시작했습니다.

상담, 안전, 커리큘럼, 자격, 현장실습, 취업지원 등

각 과정이 따로 움직이는 것이 아니라,

하나의 톱니처럼 맞물려 돌아가야 한다고 믿었습니다.

이 과정을 표준화하고 다시 설계하는 것,

그것이 우리가 가장 먼저 해야 할 기본 다지기라 생각합니다.

완벽을 꿈꾸기보다, 빈틈을 허용하지 않는 구조를 만드는 것.

그게 진짜 실력입니다.

작은 나사 하나가 거대한 기계를 지탱하듯,

우리의 작은 시스템 하나가 학생의 내일을 떠받칩니다.

나는 종종 학생들이 실습실에서 기계 소리에 귀 기울이는 모습을

떠올립니다.

땀을 흘리며 작은 부품을 다듬는 그 순간,

이들이 의지하는 건 멋진 말이 아니라 눈앞의 안전한 기계,

정돈된 커리큘럼, 그리고 믿을 수 있는 학교의 지원입니다.

기본은 눈에 잘 띄지 않지만, 그 무게는 삶을 바꿉니다.

기본에 강한 캠퍼스, 이 원칙을 지켜낼 때,

우리는 단지 기술인을 키우는 학교를 넘어,

학생과 지역, 산업이 믿고 찾는 진정한 배움터가 될 수 있습니다.

그것이 내가 폴리텍에서 반드시 세우고 싶은 토대입니다.

소통이 살아있는 캠퍼스, 대화가 만드는 힘! ________

소통은 구호가 아닙니다.

회의실 슬로건에 적힌 문장으로 끝나지 않습니다.

학교가 진짜 살아 움직이려면,

말이 문서로만 오가는 것이 아니라 사람 사이에서

직접 흘러야 합니다.

취임 직후, 나는 일부러 집무실을 벗어나

자주 밖을 돌아다녔습니다. 강의실, 기숙사, 식당, 운동장...

학생과 직원들이 있는 곳이면 어디든 먼저 다가가려 했습니다.

사실 그 자리에서 특별한 말을 한 것도,

큰 결정을 내린 것도 아니었습니다.

그저 묻고, 듣고, 같이 웃었을 뿐입니다.

그런데 어느 직원이 이런 말을 했습니다.

"학장님, 이런 자리는 처음이에요."

그 말이 제 마음에 오래 남았습니다.

그동안 대화의 기회가 얼마나 부족했는지 보여주는

짧은 한마디였으니까요.

소통은 거창한 형식에서 시작되지 않습니다.

식당에서 밥을 함께 나누며 묻는 짧은 질문,

운동장에서 땀 흘리며 건네는 몇 마디,

학생이 무심코 털어놓은 고민 속에서 가장 진한 대화가 피어납니다.

때로는 수십 장의 보고서보다 현장에서 들은 짧은 말이

더 명확한 답을 주기도 합니다.

기억에 남는 학생 간담회가 있습니다.

간담회를 마치고 식사 자리에서 한 학생이 조심스럽게 물었습니다.

"학장님, 저희 얘기를 들어주서서 고마워요. 그런데 정말 바뀔까요?"

그 질문이 제 가슴을 찔렀습니다.

듣는 것만으로 끝나는 소통은 가짜입니다.

작은 변화라도 이어져야 진짜 소통입니다.

그래서 그날 이후 나는 받은 의견들을
하나씩 기록해 두었습니다.
그리고 가능한 것부터 바로 움직였습니다.
변화가 크지 않아도, 학생이 "정말 반영됐구나"라고
느끼는 순간이 필요하다고 믿었기 때문입니다.
나는 소통은 학장 혼자 할 수 있는 일이 아님을
잘 알고 있습니다.
모든 교직원이 조금 더 귀 기울이고,
학생들이 조금 더 솔직하게 말할 수 있을 때,
학교의 대화는 살아납니다.
소통은 친화력을 드러내기 위한 장식이 아니라,
조직에 에너지를 다시 흐르게 하는 순환 장치입니다.
대화가 시작되면 관계가 달라지고,
관계가 달라지면 신뢰가 자랍니다.
신뢰 위에 쌓인 학교는 쉽게 흔들리지 않습니다.
그래서 나는 오늘도,
'듣는 자리에서 멈추지 말고, 변화로 이어지는 대화를 만들자.'라고
다짐합니다.

창의를 키우는 캠퍼스,
융합에서 피어나는 새로운 길 ______________________

캠퍼스를 거닐 때마다 나는 자문합니다.

"이곳의 학생들은 진정한 미래를 준비하고 있는가?"

답은 단순하지 않습니다.

기술은 매일 새롭게 태어나고, 어제의 정답은

오늘 낡은 질문이 되는 시대입니다.

지금 필요한 건 단순한 기능 훈련이 아니라,

문제를 새롭게 바라보는 창의적 시선입니다.

창의는 번뜩이는 아이디어 하나에서 끝나지 않습니다.

그 뿌리는 언제나 '융합'에 있습니다.

얼음을 보고 "물이 된다"라고만 말하는 건 평범한 물리적 사고입니다.

"봄이 온다"라고 말할 수 있는 순간, 사고는 확장됩니다.

물이 끓으면 수증기가 된다고 설명하는 건 과학이지만,

그 끓는 물에서 커피 향기를 떠올릴 수 있다면 그것은 이미 상상입니다.

그 차이가 세상을 바꾸는 길을 엽니다.

폴리텍의 교육도 이와 다르지 않습니다.

기계는 전자와 만나야 하고, 데이터는 감성과 이어져야 합니다.

한쪽의 기술만으로는 한계를 가질 수밖에 없습니다.

그러나 서로 다른 세계가 합을 이루는 순간,

그 합에서 전혀 새로운 혁신이 탄생합니다.

이것이 내가 강조하는 융합의 힘입니다.

실습 현장에서 나는 자주 그 가능성을 봅니다.

기계과 학생이 설계한 부품을 전기과 학생이 제어 프로그램과 연결할 때,

단순한 금속 덩어리는 움직이는 로봇 팔이 됩니다.

자동차도장과 학생이 만든 색상 샘플에 디자인 감각을 더한 순간,

단순한 도장은 상품이 되고, 고객의 마음을 사로잡는 문화가 됩니다.

이렇듯 기술과 기술이 만나고, 기술과 감각이 이어질 때

학생들은 비로소 '창의가 살아 있는 결과물'을 경험합니다.

그래서 나는 교육 현장에

'상상 실험'을 불러들이고 싶다는 생각을 하곤 합니다.

기술 수업 속에서 시 한 편을 읽고,

실습 과정에서 그림 한 장을 떠올리며,

공학의 언어 속에서 인문학의 감각을 불러내는 일.

한쪽에선 회로도를 그리고, 다른 한쪽에선

그것이 사람의 삶에 어떤 울림을 줄 수 있을지 이야기하는 교실.

이 작은 접목이 학생들에게 더 큰 확장을 선물할 수 있다고 믿습니다.

"어떻게 하면 자격증을 빨리 딸까?"라는 질문보다,

"이 기술을 어디에 쓰면 세상이 더 좋아질까?"라는 질문이

교실 안에 더 많이 오가야 합니다.

그 질문이 오가는 순간, 학생들의 눈빛은 달라지고

배움의 의미는 더 깊어집니다.

창의는 선택이 아니라 생존의 조건입니다.

우리가 직선을 따라 걷던 시대는 이미 끝났습니다.

교차점을 찾아야 하고, 그 교차점에서 새로운 길을 열어야 합니다.

그리고 나는 그 길을 가장 먼저 열어갈 곳이

바로 우리 캠퍼스이어야 한다고 확신합니다.

여기서 시작된 융합의 실험이 결국,

내일의 혁신을 여는 첫걸음이 될 것입니다.

시스템으로 움직이는 캠퍼스, 협업이 경쟁력이다 ___

어떤 변화든 처음은 열정에서 시작됩니다.

그러나 열정만으로는 오래가지 못합니다.

불꽃은 쉽게 꺼지고, 의지는 피로 앞에 흔들립니다.

학교라는 거대한 조직이 움직이려면,

열정을 붙잡아 줄 체계가 필요합니다.

그 체계가 곧 신뢰를 낳고, 신뢰가 다시 변화를 가능하게 합니다.

취임 직후, 기숙사 리모델링 설계 회의에 참석했던 기억이 있습니다.

모두가 인테리어 색상과 편의시설 이야기에 열중하고 있었을 때

참석하신 한 분이 의외의 질문을 던집니다.

"안전진단은 끝났습니까? 어땠습니까?"

화려한 설계도와 조감도가 아무리 멋져도,

학생이 안심하고 머물 수 있는 기반이 먼저라는 생각이

강하게 밀려왔습니다.

그 순간 나는 학교의 경쟁력은 멋진 그림보다,

세심하게 조여진 작은 나사 하나에 달려 있다는 것을 깨달았습니다.

그 후 나는 조금 더 꼼꼼히 들여다보기 시작했습니다.

낡은 배관을 점검하는 절차, 화재경보기의 테스트 주기,

현장실습 협약의 인증 과정까지.

때로는 지루해 보이는 이 디테일들이

결국 캠퍼스의 안전과 신뢰를 떠받치는 기둥이었습니다.

시스템은 '답답한 규정'이 아닙니다.

오히려 변화가 흩어지지 않도록 묶어주는 실처럼,

창의와 열정을 오래 버티게 하는 힘입니다.

학생이 한 학기 동안 배우는 과정을 생각해 보십시오.

상담, 실습, 자격증 준비, 현장실습, 취업지원.

이 모든 단계가 서로 연결된 하나의 공정처럼 작동해야 합니다.

그 공정이 매끄럽게 이어질 때, 학생의 미래도 안정적으로 설계됩니다.

그래서 몇 가지를 다시 세우고 싶다는 생각을 늘 합니다.

첫째, 교육과정을 입학에서 취업까지 하나의 표준 흐름으로 체계화하는 일.

둘째, 회의와 의사결정이 기록에 머물지 않고 반드시 실행으로 이어지도록
　　　하는 프로세스.

셋째, 교내의 좋은 아이디어와 사례가 사라지지 않고 축적·공유되도록
　　　하는 지식 플랫폼.

작은 나사가 풀리면, 거대한 기계도 멈춰 버립니다.

눈에 띄지 않는 작은 절차 하나가 결국은 교육의 완성도를 좌우합니다.

시스템은 단순히 규율을 강요하는 틀을 말하는 게 아닙니다.

협업이 자연스럽게 흘러가도록 돕는 바탕입니다.

교수와 직원, 학생과 기업이 각자의 역할을 다하면서도

하나의 유기체처럼 연결될 때, 학교는 더 강한 경쟁력을 얻게 됩니다.

변화는 전략으로 시작하지만, 완성은 체계에서 나옵니다.

'작은 나사 하나까지 놓치지 않는 학교,

그 세심한 힘으로 학생의 미래를 지켜내자.'

오늘도 나는 다짐합니다.

세계를 향한 캠퍼스,
글로벌 특성화캠퍼스를 향한 화성의 꿈 __________

'글로벌'이라는 단어는 멀리 있는 듯하지만,

사실 우리 곁에 이미 와 있습니다.

공단의 생산라인에서 땀 흘리는 수많은 외국인 근로자들,

마을 골목에서 함께 뛰어노는 다문화 가정의 아이들,

편의점이나 식당에서 만나는 다양한 언어와 얼굴들.

세계는 어느 날 갑자기 찾아오는 것이 아니라,

이미 우리 일상 속에 스며들어 있습니다.

하지만 캠퍼스의 현실을 돌아보면,

곧바로 글로벌을 논할 준비가 되어 있진 않습니다.

오래된 시설과 부족한 인프라,

국제화에 대한 경험 부족- 이것은 부인할 수 없는 사실입니다.

솔직히 말하면, 우리 캠퍼스 단독의 힘으로는

그 문을 크게 열어젖히기 어렵습니다.

법인 차원의 지원과 국가적 또는 지방자치단체 차원의

뒷받침 없이는 길을 뚫기 힘든 것이 현실입니다.

그럼에도 불구하고 나는

만약 법인이 〈글로벌 특성화캠퍼스〉를 설계한다면,

그 무대는 반드시 화성이어야 한다고 확신합니다.

왜냐하면 화성이라는 도시는 이미

글로벌 제조업의 심장이기 때문입니다.

세계적인 반도체·자동차·플랜트 기업들이 모여 있고,

산업현장 곳곳에 외국인 근로자들이 함께 뛰고 있습니다.

다언어, 다문화적 삶의 결이

이미 화성의 일상 속에 자리 잡고 있습니다.

다른 지역이 따로 '국제화 환경'을 만들려 애쓸 때,

화성은 이미 그 토양을 갖추고 있습니다.

우리 캠퍼스가 지금 당장 해야 할 일은

거창한 국제교류사업이 아닙니다.

작은 첫걸음부터 현실적으로 내딛는 일입니다.

외국인 근로자들을 위한 맞춤형 기술 교육,

다문화 청년들을 위한 진로 프로그램,

언어와 문화의 장벽을 낮춰주는 지원 수업.

이 작은 실험들이 쌓여야,

비로소 진짜 글로벌의 문턱에 설 수 있습니다.

또한 지역 기업과 손잡고 외국인 노동자가 산업현장에서

더 안정적으로 뿌리내릴 수 있도록,

기업-학교 공동 프로그램을 만드는 것도 중요한 과제입니다.

그리고 한 걸음 더 나아가, 언젠가 우리가 가진

한국형 직업교육 모델을 해외에 수출하는 꿈도 품어야 합니다.

멀리 이국에서 온 아이들이 캠퍼스를 찾았던 날을 잊지 못합니다.

낯설지만 반짝이던 눈빛, 기계와 로봇을 바라보며 속삭이던

"이 배움의 기회를 우리도 가질 수 없나요?"

그 눈빛 앞에서 나는 확신했습니다.

우리가 가진 기술교육은 반드시 나눌 수 있다고.

그날의 울림은 지금도 제 마음속에 남아 있습니다.

물론, 지금 우리 현실은 턱없이 부족합니다.

그러나 누군가는 그 길을 먼저 말해야 합니다.

말하지 않으면 길은 생기지 않습니다.

상상이 비전이 되고, 비전이 실행으로 이어질 때,

변화는 비로소 시작됩니다.

그래서 나는 '현실은 부족해도,

화성은 글로벌을 향한 씨앗을 품고 있다.

그 씨앗을 키울 수 있도록,

우리는 지금부터 준비해야 한다.'라고 오늘도 다짐합니다.

화성에서 시작되는 작은 씨앗 하나가,

언젠가 폴리텍의 세계화를 열어가는 숲이 될 것임을

나는 굳게 믿습니다.

배려가 숨 쉬는 캠퍼스, 따뜻함이 곧 힘이다! ______

학교는 수많은 기계와 장비로 채워져 있지만,

그 뿌리는 결국 사람입니다.

교원, 일반직, 계약직, 파견직, 운영직까지

다양한 사람들이 모여 하나의 캠퍼스를 움직입니다.

그러나 이 다양성이 때로는 보이지 않는 벽이 되기도 합니다.

직군이 다르다는 이유로, 부서가 다르다는 이유로,

마음의 거리가 조금씩 벌어지는 순간이 생깁니다.

취임 후 내가 가장 먼저 느낀 것도 바로 이 부분이었습니다.

코로나 이후, 사회 전반적으로 비대면이 익숙해지면서

관계의 온기가 눈에 띄게 줄어들었습니다.

따뜻한 공동체문화를 자랑하던 조직도

어느새 말은 줄고, 웃음은 줄고, 오해가 생겨

다툼으로 이어졌다는 이야기를 들었습니다.

취임 후 처음 느꼈던 캠퍼스의 분위기 역시 크게 다르지 않았습니다.

솔직히 말하면 '학교가 차갑다'는 인상을 주는 순간도 있었습니다.

그래서 "이 공동체를 다시 단단하게 하는 힘은 무엇일까?"

줄곧 고민했습니다.

아직 확답을 내리기에는 이르지만,

제 마음에 담은 단어는 '배려와 인정'입니다.

나와 다른 직군의 고충을 이해하려는 작은 한 걸음,

작은 성과에도 아끼지 않는 박수, 이름을 불러주는 짧은 순간,

그것이 조직을 다시 따뜻하게 하고 결국 더 강하게 만든다고 믿습니다.

보고와 성과도 중요하지만 그보다 앞서는 것은

공감이 담긴 대화 아닐까요.

직책이 먼저가 아니라 이름이 먼저 불리는 문화,

지시가 앞서는 것이 아니라 존중이 앞서는 관계.

따뜻함은 느슨한 친절이 아니라 단단한 힘입니다.

배려가 습관이 되고, 인정이 언어가 되는 순간,

조직은 단순한 직장이 아니라 '함께 일하는 힘'이 됩니다.

나는 따뜻한 조직문화야말로

기술보다 강력한 경쟁력이라는 믿음을 갖고 있습니다.

교수님들이 웃으며 강의실로 들어서고,

직원들이 서로의 노고를 알아주는 순간,

학생들도 자연스레 그 온기를 배웁니다.

결국 교육은 기술만 전하는 것이 아니라

사람의 태도까지 전하는 일이기 때문입니다.

캠퍼스가 앞으로 지켜야 할 중요한 원칙은 분명합니다.

차가운 시스템 위에 따뜻한 사람이 있어야 한다는 것.

그래야 이 캠퍼스는 흔들리지 않습니다.

기술은 진화해도, 시대는 변해도,

사람 사이에 흐르는 배려의 힘은

언제나 우리를 앞으로 이끌어 줄 것입니다.

9

직업교육에
인문학을
더하다

，

기술의 시대에, 사람이 먼저 보였으면 합니다.

지금부터의 이야기는 앞선 글들과는 조금 다른 결을 지닙니다.
앞의 글들이 캠퍼스의 일상과 지역의 풍경, 현장에서 만난 사람들,
그리고 학교가 지역과 산업 속에서 어떤 자리에 서 있는지를
기록한 이야기였다면,
이 글들은 가끔 캠퍼스 밖 정책 현장에서 나누는 대화이거나,
언론의 요청으로 전하게 되는 생각들에 가깝습니다.

조금은 거리를 두고 시대를 바라보고자 하는 마음에서
시작된 글들입니다.
빠르게 변하는 산업과 기술, 그에 맞춰 숨 가쁘게 조정되는
대학의 내부 상황과 전략 속에서, 나는 종종
이런 질문을 하게 됩니다. 우리는 지금 어떤 마음으로
교육을 생각하고 있는가, 그리고 무엇을 놓치고 있지는 않은가
하는 질문입니다.

지금의 산업 현장은 치열합니다.
기술은 빠르게 바뀌고, 일의 방식은 끊임없이 재편됩니다.
사람들은 성과와 효율, 속도와 경쟁이라는 언어 속에서
하루를 버텨냅니다.
그러나 그럴수록 나는 오히려 교육만큼은 조금 다른 언어를
가졌으면 좋겠다고 생각합니다.
조금 느려도 좋고, 당장의 답이 없어도 좋으니,
사람이 중심에 놓인 질문을 포기하지 않았으면 합니다.

여기 일곱 편의 글은 그런 생각에서 출발합니다.
숫자를 다시 바라보고, 산업의 시간을 조금 더 길게 생각하며,
기술과 사람의 관계를 새로 묻고, 인문학이라는 오래된 언어를
다시 불러내는 이야기들입니다.
이는 특정 학문이나 전공을 옹호하기 위한 글이 아니라,
변화의 시대를 건너는 태도에 관한 이야기입니다.

나는 국가대표 기술대학인 '한국폴리텍대학'에서 일하고 있습니다.
그래서 더 분명히 말할 수 있습니다.
기술은 결국 사람이 쓰고, 산업은 사람이 버티며,
교육은 사람이 사람을 길러내는 일입니다.
그렇기에 직업교육 또한 기능과 성과를 넘어,
상상력과 해석의 힘을 함께 품어야 한다고 믿습니다.

이 글들은 해답을 제시하기보다,
잠시 생각을 멈추고 바라보자는 제안에 가깝습니다.
산업의 현장을 조금 더 따뜻한 눈으로, 기술의 변화를 조금 더
인간적인 언어로 바라보자는 이야기입니다.
글을 읽으며 독자들이 잠시 숨을 고르고,
다시 한번 '사람'이라는 단어를 떠올릴 수 있다면,
그것으로 충분하다고 나는 생각합니다.

숫자의 프레임과 세상의 언어 ________________________

요즘 나는 '숫자'라는 것에 대해 자주 생각합니다.

숫자는 세상을 가장 간결하게 설명하는 언어입니다.

출산율, 성장률, 취업률, 생산성 같은 수치는

복잡한 현실을 한 줄로 요약합니다.

그러나 숫자는 결코 현실 그 자체는 아닙니다.

숫자는 언제나 해석을 필요로 하며,

그 해석의 방식에 따라 전혀 다른 의미를 갖습니다.

같은 숫자라도 어떤 프레임 속에 놓이느냐에 따라

상징이 되기도 하고, 착시가 되기도 합니다.

출산율 0.75명이라는 숫자 역시 어떤 이에게는 회복의 신호로 읽히고,

또 다른 이에게는 구조적 붕괴의 경고로 다가옵니다.

숫자는 중립적인 듯 보이지만,

사실은 늘 가치 판단과 선택을 함께 품고 있습니다.

나는 폴리텍에서 직업교육의 현장을 맡고 있습니다.

이곳에서 숫자는 더욱 현실적인 얼굴로 다가옵니다.

입학 정원, 지원자 수, 취업률, 기업 수요, 재직자 훈련 인원 같은 수치들은

매일같이 캠퍼스의 의사결정을 좌우합니다.

그러나 숫자만으로는 설명되지 않는 장면들도 분명히 존재합니다.

왜 어떤 학과에는 지원이 몰리고, 어떤 분야에서는 인력이 줄어드는지,

왜 같은 기술을 배워도 현장에서의 결과가 달라지는지 같은 질문들입니다.

숫자는 결과이면서 동시에 과정의 언어입니다.

숫자는 우리에게 "얼마나 되었는가?"를 묻지만,

그보다 더 중요한 질문은 "왜 이렇게 되었는가?"입니다.

숫자만을 따라가다 보면 방향을 놓치기 쉽고,

숫자를 해석하지 않으면 구조를 바꾸기 어렵습니다.

직업교육 역시 마찬가지입니다.

단순히 취업률의 높고 낮음을 넘어서,

어떤 산업으로 사람이 이동하고 있는지,

어떤 기술이 살아남고 어떤 기술이 사라지고 있는지를

함께 읽어야 합니다.

나는 그동안 여러 조직을 경험하며

숫자가 사람과 제도를 움직이는 힘이라는 사실을 배워왔습니다.

숫자는 언어보다 빠르고, 구호보다 오래 남습니다.

몇 개의 지표가 조직의 분위기를 만들고, 정책의 방향을 고정시키며,

때로는 변화의 가능성을 제한하기도 합니다.

그래서 숫자는 관리의 도구이기 이전에, 신호이자 메시지에 가깝습니다.

정책과 산업, 교육의 현장에서도 숫자는 늘 중심에 놓여 있습니다.

그러나 숫자가 많아질수록

질문은 오히려 줄어드는 경우도 적지 않습니다.

숫자가 말을 대신하는 순간, 사고는 멈추기 쉽습니다.

숫자가 목표가 되면 구조는 그대로 둔 채 결과만을 쫓게 됩니다.

인구문제도, 산업 문제도, 교육 문제도

이 함정에서 완전히 자유롭지는 않습니다.

숫자는 현실의 거울이지만, 그 거울을 어떤 각도로 비출지는
사람이 정합니다.

같은 산업 통계를 두고도 누군가는 위기라고 말하고,
누군가는 기회라고 말합니다.

이 차이를 만들어내는 것이 바로 프레임입니다.

숫자는 논리를 설득하지만, 프레임은 사람을 움직입니다.

직업교육이 지금 이 시점에서 다시 주목받는 이유도
여기에 있다고 생각합니다.

산업 현장은 빠르게 변하고 있습니다.

기술은 고도화되고, 기업의 평균 수명은 짧아지며,
일의 방식은 계속해서 재편되고 있습니다.

이 모든 변화는 숫자로 설명되지만, 그 변화에 적응하는 주체는
결국 사람입니다.

어떤 숫자를 목표로 삼느냐에 따라,
우리는 사람을 키우는 방식 또한 다르게 선택하게 됩니다.

이제 질문의 방향을 조금 바꿔볼 필요가 있습니다.

얼마를 늘릴 것인가보다는 어떤 구조를 바꿀 것인가를 묻는 일입니다.

몇 명을 채울 것인가보다는 어떤 역할로 전환시킬 것인가를
고민하는 일입니다.

숫자를 부정하자는 뜻은 아닙니다.

숫자를 다시 읽고, 그 숫자가 만들어지는 규칙과 방향을
함께 설계하자는 제안입니다.

숫자는 결국 따라옵니다. 방향과 규칙이 먼저입니다.

어떤 산업을 지키고, 어떤 기술을 키우며,

어떤 사람을 길러낼 것인지에 대한 사회적 합의가 선행되어야 합니다.

폴리텍의 역할 또한 그 지점에서 다시 생각해 볼 수 있습니다.

단순히 숫자를 채우는 대학이 아니라, 산업과 사람을 연결하는 구조를

함께 설계하는 대학이어야 한다는 생각입니다.

이 글은 그런 고민을 정리하며 남겨둔 하나의 질문에 가깝습니다.

우리는 지금 어떤 숫자의 언어로

산업과 교육의 미래를 이야기하고 있는지,

그 질문을 다음 이야기들로 이어가 보려 합니다.

산업에 인문학을 입히자

최근 인문학의 가치를 다시 이야기하는 목소리가

조금씩 늘고 있습니다.

인공지능과 자동화, 로봇 기술이 산업 전반을 빠르게 바꾸면서,

"기술만으로는 부족하다"라는 인식이

현장 곳곳에서 감지되기 시작했기 때문입니다.

기술은 문제를 빠르게 해결하지만,

무엇을 문제로 정의할 것인지,

어떤 방향이 바람직한지 판단하는 일은 여전히

인간의 몫으로 남아 있습니다.

이 지점에서 인문학은 산업의 주변이 아니라 중심으로

다시 불려 나와야 한다고 생각합니다.

산업 현장에서 보면 이러한 변화는 더욱 분명합니다.

공장은 점점 스마트해지고 있지만,

그 안에서 일하는 사람들에게 요구되는 역할은

오히려 더 복잡해지고 있습니다.

버튼을 누르는 노동에서 공정을 이해하고, 데이터를 해석하며,

상황을 종합적으로 판단하는 노동으로 옮겨가고 있습니다.

기술이 고도화될수록 사람의 역할은 줄어드는 것이 아니라,

성격이 달라지고 있습니다.

이 변화에 적응하지 못하면 숙련된 인력조차

한순간에 현장을 떠나게 됩니다.

그래서 지금 산업의 핵심 과제는

단순한 인력 양성이 아니라 인력전환workforce transition이라고 생각합니다.

인력전환은 사람을 대체하는 일이 아니라,

사람이 새로운 역할로 이동할 수 있도록 돕는 과정입니다.

새로운 기술에 맞춰 사람을 다시 설계하고,

일의 의미를 재구성하는 일입니다.

이 과정에서 직업교육은 단순한 기술훈련에 머물러서는 안 됩니다.

기술을 '어떻게 쓰는가?' 뿐 아니라 '왜 쓰는가?',

'어떤 결과를 낳는가?'를 함께 고민해야 합니다.

바로 이 지점에서 인문학과 직업교육이 만납니다.

인문학은 현장을 떠난 추상적인 학문이 아닙니다.

인문학은 사람의 행동을 이해하고, 조직의 문화를 읽으며,

변화에 대한 저항과 불안을 해석하는 언어입니다.

새로운 설비를 도입해도 현장이 쉽게 움직이지 않는 이유,

같은 기술을 적용했는데도 조직마다 성과가 다른 이유,

숙련된 노동자가 변화 앞에서 위축되는 이유는

기술의 문제가 아니라 인간을 이해하지 못했기 때문인 경우가 많습니다.

직업교육 역시 이 변화 앞에서 스스로를 다시 돌아봐야 합니다.

과거의 직업교육이 '기술을 가르치는 학교'였다면,

이제는 산업과 사람의 전환을 함께 설계하는 공간이 되어야 합니다.

기술교육 위에 인문적 사고를 얹을 때, 학습자는 단순한 기능인을 넘어

변화에 적응할 수 있는 인재로 성장합니다.

기계가 바뀌어도 다시 배울 수 있고,

직무가 달라져도 새로운 역할을 찾아갈 수 있는 힘은

결국 사고력과 해석 능력에서 나옵니다.

산업계 또한 인력 선발과 활용 방식을 다시 고민해야 합니다.

즉시 투입 가능한 기술 인력만을 찾는 방식으로는

장기적인 경쟁력을 확보하기 어렵습니다.

기술 변화가 빠를수록 기업에는 기술을 연결하고,

조직을 설득하며, 현장을 조율할 수 있는 인재가 필요해집니다.

산업의 지속성은 기술의 속도보다 사람의 학습 능력에
더 크게 좌우됩니다.

'산업에 인문학을 입히자'라는 말은
기술을 약화시키자는 의미는 절대 아닙니다.
오히려 기술을 제대로 사용하기 위한 조건을 갖추자는 제안입니다.
인문학은 기술의 브레이크가 아니라 방향타에 가깝습니다.
기술이 어디로 가야 하는지, 그 과정에서 누구를 배제하고 있는지,
사회에 어떤 영향을 남기는지를 묻는 힘이기 때문입니다.
기술 전환 시대의 진짜 경쟁력은
새로운 기계를 얼마나 빨리 들이느냐에 있지 않습니다.
사람을 얼마나 잘 전환시키느냐에 있습니다.

직업교육은 그 전환의 출발점에 놓여 있습니다.
지금 산업에 필요한 것은 더 많은 기술이 아니라,
기술을 사람의 언어로 번역할 수 있는 힘입니다.
이제는 산업에 인문학을 입힐 시간입니다.
그것이 평생 인문학의 언어로 사람과 사회를 고민해 온 내가
폴리텍 학장으로 이 자리에 서 있는 이유이기도 합니다.

100세 시대, 100세 기업도 키워야 할 때다 ＿＿＿＿＿

한국에서 100년을 넘긴 기업은 손에 꼽히는 정도입니다.

1896년 '박승직상점'으로 문을 연 두산그룹이

최고 어른으로 알려져 있습니다.

한국의 현재 100년을 넘은 기업은 17곳으로

일본 3만 7천, 미국의 2만 1천여 곳에 비해 한참 뒤떨어집니다.

일본은 200년이 넘는 장수기업도 1천 388곳에 달합니다.

한국의 평균 기업 수명 28년이라는 통계는 여전히 변함없습니다.

문제는 앞으로 더 짧아질 수 있다는 데 있습니다.

기술 변화의 속도, 노동환경의 전환, 글로벌 경쟁의 압력이

동시에 기업을 흔들고 있기 때문입니다.

나는 우리나라 직업교육을 선도하는 한국 폴리텍대학 학장으로서

이 문제를 더욱 절실하게 느끼고 있습니다.

특히 화성특례시는 전국에서 기업 수가 가장 많은 도시입니다.

자동차·반도체·바이오·정밀기계·첨단소재 등

제조업의 거의 모든 축이 이곳에 모여 있습니다.

그러나 기업의 숫자가 많다고 해서 모두 오래 살아남는 것은 아닙니다.

기술이 바뀌고, 노동의 방식이 바뀌고,

산업의 규칙이 하루가 다르게 다시 쓰이고 있기 때문입니다.

산업 환경은 나날이 변화하고 있습니다.

스마트팩토리, AI 기반 공정관리, 전기차 전환, 로봇 자동화가

기본 인프라가 되고 있습니다.

숙련의 정의가 달라졌고 직무 소멸과 재교육이 동시에 벌어집니다.

한 세대 동안 유지되던 직업이 2~3년 만에 사라지기도 합니다.

장수기업이 되려면 이제 기술과 사람,

조직과 배움이 함께 작동하는 생태계를 갖춰야 합니다.

그러나 현실은 그렇지 못합니다.

많은 기업이 신규 설비를 들이고도

인력을 재교육하지 못해 활용률이 떨어집니다.

AI를 도입해도 해석하고 운영할 기술자가 부족한 상황입니다.

경력 있는 기능인력은 은퇴하고

젊은 세대는 제조업을 기피하고 있습니다.

기업은 사람을 찾지 못하고, 사람은 일할 곳을 찾지 못하는

기이한 미스매치가 벌어지고 있습니다.

바로 이 지점이 한국 기업을

더더욱 100세로 만들기 어렵게 하는 구조적 요인입니다.

그래서 나는 장수기업의 조건을

기술이나 자본보다 사람의 학습 능력에서 바라보고 있습니다.

산업이 살아남으려면 기업만 혁신하는 것이 아니라

기업을 둘러싼 지역의 교육 시스템이 함께 혁신돼야 하기 때문입니다.

화성의 기업들이 겪는 문제를 가장 가까이서 바라보는 입장에서

직업교육 기관이 해야 할 일이 분명해졌습니다.

"사람이 바뀌어야 기업이 산다. 기업이 살아야 지역이 산다."라는 생각이

더욱 강해지고 있습니다.

폴리텍이 최근에 더 강조하는 것도 바로 이 지점입니다.

우리는 이제 단순 기능인 양성이 아니라 산업의 변화를 읽고

다시 학습해 현장에 적용할 수 있는 리터러시 있는 기술인력,

즉 '업그레이드 가능한 인재'를 키우는 것에 집중해야 합니다.

기계를 다루는 능력보다 기계가 바뀔 때 다시 배울 수 있는 능력이

더욱 중요해졌기 때문입니다.

기업도 마찬가지입니다. 장수기업이 되려면

기술·조직·사람에 대한 투자를 장기 전략으로 가져가야 합니다.

단기 성과에 흔들리지 않는 경영, 세대 간 승계에 대한 합리적 제도,

숙련노동을 존중하는 문화가 필요합니다.

국가도 창업만 강조할 것이 아니라 기존 기업이 세대를 넘어

살아남도록 제도적 기반을 마련해야 합니다.

사람에게 출산과 장수 정책이 모두 필요하듯

기업에도 창업과 '고령화 정책'이 함께 필요합니다.

나는 화성의 기업들이야말로

한국 제조업의 척추라는 믿음을 갖고 있습니다.

이 도시에서 50년, 100년 가는 기업이 늘어날 때

한국 산업은 다시 강해질 것입니다.

직업교육은 바로 그 토대를 만드는 일입니다.

우리는 단지 학생을 가르치는 것이 아니라 기업의 생존을 돕고,

산업의 미래를 준비하는 일을 합니다.

100세 시대를 사는 인간과 마찬가지로 기업도 오래 살아야 합니다.

오래 살아남는 기업이 늘어날 때

지역은 안정되고 일자리는 지속되며 산업은 더 단단해집니다.

나는 화성에서 매일, 같은 소망을 품습니다.

"기업들이여, 오래 살아남으시라. 폴리텍은 여러분이 100세까지 가도록

기술과 사람으로 함께 돕겠다"라는

소망입니다.

피지컬 AI시대,
기술보다 더 중요한 것은 '사람의 재배치'

요즘 기술 분야에서 가장 뜨거운 화두는

단연 '피지컬 AI^{Physical AI}'입니다.

화면 속에 머물던 인공지능이 실제 공간으로 내려와

스스로 보고, 판단하고, 조작하는 단계로 넘어가고 있습니다.

로봇과 AI가 결합하면서 공장과 물류, 의료와 돌봄,

서비스와 공공 영역까지 인간의 손을 대신하는 기계가

빠르게 늘어나고 있습니다.

많은 사람은 이 변화를 '인간을 대체하는 기술'로 받아들이지만,

실제로 더 중요한 질문은 따로 있습니다.

기술이 아니라 기술과 함께 일할 새로운 인력구조가

준비돼 있느냐는 문제입니다.

피지컬 AI가 등장한다고 해서 일이 자동으로 사라지는 것은 아닙니다.

오히려 인간의 역할은 더 복잡해지고,

더 높은 수준의 조정력과 판단을 요구받습니다.

자동화된 시스템을 설계하고, 작동시키고, 고도화하며,

현장 상황에 맞게 조정하는 일은 결국 사람의 몫입니다.

기술 하나가 기존의 일을 대체하면,

그 기술을 운용하고 관리하는 새로운 직무가 두세 개씩 생겨납니다.

그래서 중요한 것은 사람이 얼마나 있느냐가 아니라,

사람이 어떤 역할로 이동하고 어떤 숙련을 갖추느냐입니다.

문제는 우리 사회가 아직 이 변화를

충분히 따라잡지 못하고 있다는 점입니다.

기술은 빠르게 진화하지만,

사람과 조직, 교육시스템의 변화 속도는 훨씬 느립니다.

많은 현장에서 "사람이 없다"라는 말이 들리지만,

실제로 부족한 것은 단순한 인원의 수가 아니라

새로운 직무로 전환할 수 있는 사람,

즉 기술을 이해하고 현장을 조정할 수 있는 사람입니다.

피지컬 AI시대의 본질은 수량의 문제가 아니라 재배치의 문제입니다.

세계는 이미 이 방향으로 움직이고 있습니다.

일본은 초고령 사회임에도 불구하고 생애 재교육체계를 중심으로

직무 전환을 설계하며 산업 구조를 다시 짜고 있습니다.

싱가포르는 스킬스퓨처Skills-Future를 통해 국민 누구나

기술 변화에 맞춰 새로운 직무로 이동할 수 있는 기반을 마련했고,

EU는 '스킬패스포트Skill-Passport'를 통해

지역·직무·기술 기반의 이동성을 제도화하고 있습니다.

이들이 공통으로 말하는 메시지는 분명합니다.

기술의 시대는 결국 사람의 시대라는 사실입니다.

한국은 지금 더욱 중요한 기로에 서 있습니다.

생산 연령층은 빠르게 줄고,

세대별 역할 구조는 동시에 흔들리고 있으며,

지역의 일터는 사람이 없어 문을 닫는 상황이 늘어나고 있습니다.

여기에 기술 변화는 더욱 가속화되고 있습니다.

사람은 줄어드는데 기술은 늘어나는,

두 개의 선이 서로 다른 방향으로 뻗어가는 시대입니다.

이 불균형을 해결하는 길은 하나입니다.

기술에 맞는 사람의 재배치와 전환 능력을 체계적으로 키우는 일입니다.

이 변화의 한복판에서 〈한국폴리텍대학—KAIST〉간 공동 협약 체결은

매우 상징적인 장면이었습니다.

기술을 창조하는 대학과 기술을 현장에서 구현할 인력을 길러내는 대학이

손을 맞잡았다는 사실은,

한국이 앞으로 가야 할 방향을 분명하게 보여줍니다.

피지컬 AI시대에는 한쪽에서 기술만 발전해서도,

다른 한쪽에서 현장 인력만 양성해서도 안 됩니다.

기술—직무—교육—현장이 하나의 흐름으로 연결돼야 합니다.

앞으로의 경쟁은 더 빠른 기술을 가진 국가가 아니라,

기술 변화에 맞춰 사람을 더 빠르고 안정적으로 전환시킬 수 있는 국가

가 이깁니다. 기계가 늘어나는 시대일수록 사람은 오히려 더 중요한 존재

가 됩니다. 지금은 기술이 일을 바꾸는 시대가 아니라, 사람이 기술과 함

께 일하는 방식을 다시 설계하는 시대입니다.

피지컬 AI는 미래의 상징이지만, 그 미래의 성패는

결국 사람의 전환 능력에 달려 있습니다.

우리가 어떻게 배우고, 어떻게 이동하며, 어떻게 다시

일할 것인가의 문제입니다.

지금 우리에게 필요한 것은 더 많은 기술이 아니라,

기술과 함께 일할 준비가 된 사람들입니다.

이 변화를 준비하는 일이 곧

한국의 다음 10년을 결정할 것입니다.

기술혁신의 시대, 왜 다시 인문학인가?

최근 삼성, 현대차, SK 등 대기업의 대규모 투자 발표와 함께

청년 채용에 대한 관심도 커지고 있습니다.

그러나 기대와 달리 취업 시장의 현실은 녹록지 않습니다.

공개채용은 축소되고 직무 중심의 상시 채용이 표준이 되었습니다.

기업은 더 이상 잠재력을 보고 키우기보다,

당장 투입 가능한 인재를 선호합니다.

이 변화는 청년 전체에 부담이지만,

특히 인문계 출신에게는 더욱 가혹하게 다가옵니다.

기술 중심의 산업 구조 속에서

인문학 전공자의 자리는 줄어드는 듯 보입니다.

그러나 나는 바로 지금, 기술의 속도가 가장 빨라진 이 시점에서

오히려 인문학의 전략적 가치가 다시 커지고 있다고 생각합니다.

역설처럼 보이지만 기술이 고도화될수록

인간을 이해하는 능력의 중요성은 더 분명해지기 때문입니다.

기업이 직면한 과제는 더 이상 단순한 기술 문제가 아닙니다.

AI의 윤리, 사용자 경험, 조직문화의 변화, 세대 간 갈등,

글로벌 시장의 맥락, 기술 활용의 목적 설정까지—이 모든 질문은

기술만으로는 풀 수 없습니다.

인간과 사회를 이해하는 언어, 즉 인문학의 영역에서 출발해야 합니다.

기술혁신의 결정적 순간에는 언제나 인문학적 상상력이 함께 했습니다.

스티브 잡스가 "애플은 기술과 인문학의 교차점에 서 있다"라고

말한 이유도 여기에 있습니다.

벨연구소는 물리학자와 수학자 못지않게 철학 전공자를 채용했고,

실리콘밸리의 많은 혁신 기업에는 인문·예술적 배경을 가진

창업자들이 자리하고 있습니다.

기술은 문제를 해결하지만 무엇을 문제로 정의할지는

인간의 상상력과 사회적 통찰이 결정합니다.

오늘날의 기술혁명은 산업 혁신을 넘어 삶의 방식을 바꾸고 있습니다.

AI가 의사결정의 일부를 대신하고, 로봇이 노동을 대체하며,

데이터가 사람을 분류하는 시대입니다.

이런 시대에 진짜 필요한 역량은
기술 그 자체보다 기술이 사회 속에서 어떻게 작동하고
인간의 삶을 어떻게 바꾸는지를 사유하는 능력입니다.
이 질문에 답하는 언어가 바로 인문학입니다.
쥘 베른의 『해저 2만리』와 『달나라 탐험』, 조지 오웰의 『1984』가
한 시대의 기술과 사회를 예견했듯, 인문학적 상상력은
언제나 과학기술보다 한발 앞서 미래를 그려왔습니다.

문제는 한국의 교육과 산업 시스템이 여전히
이공계 중심 사고에서 크게 벗어나지 못하고 있다는 점입니다.
지금 필요한 것은 인문계 취업을 늘리자는 선언이 아니라,
기술혁신의 완성은 문제 해결 능력이 아니라
문제 정의 능력에 있다는 사실을
국가와 대학, 기업이 함께 인정하는 일입니다.
이 지점에서 기술대학인 폴리텍의 역할은 더욱 분명해집니다.
폴리텍은 인문학 전공자를 양성하는 대학이 아닙니다.
대신 기술을 배우는 학생들이 인문학적 사고를
함께 익히도록 설계할 수 있는 대학입니다.
기계를 배우는 과정에서 사람을 이해하고,
공정을 익히는 과정에서 산업의 맥락을 읽으며,
기술 위에 질문하는 사고를 얹는 교육이 가능한 곳입니다.
앞으로의 직업교육은 새로운 장비를 들이는 것만으로는

충분하지 않습니다.

기술 교과안에 산업의 역사, 노동의 의미, 기술과 사회의 관계를

함께 성찰하는 요소가 자연스럽게 스며들어야 합니다.

"어떻게 작동하는가?"에서 멈추지 않고,

"이 기술은 누구를 위해 쓰이는가?"를 묻는 교육이 필요합니다.

폴리텍에서의 인문학은

별도의 학문이 아니라 기술을 깊게 만드는 언어입니다.

기능인을 넘어 현장을 이해하는 기술인,

직무를 넘어 변화를 해석하는 인재를 키우는 것.

그것이 직업교육의 다음 과제입니다.

기술의 속도가 빨라질수록

기술을 다루는 사람의 사고는 더 넓어져야 합니다.

기술대학에서 인문학적 상상력을 키우는 일은

더 이상 선택이 아닙니다.

한국 산업의 미래를 준비하는 가장 현실적인 전략입니다.

같은 길을 달리는 다른 레일 ______________

학장이다 보니 아무래도 학생들 입시가 늘 마음에 걸립니다.

우리 캠퍼스는 학위제 과정 중심의 학교는 아니어서

입시 경쟁의 압박이 상대적으로 크지 않은 편이지만,

전국의 폴리텍 동료들을 떠올리면 나 역시

자연스럽게 같은 응원단의 한 사람으로 서게 됩니다.

학생 한 명, 한 명이 얼마나 간절한 선택의 끝에

직업교육의 문을 두드리는지 알기 때문입니다.

요즘 직업교육을 둘러싼 논의에는 유독 날이 서 있습니다.

누가 더 가져가느냐, 누가 더 확장하느냐의 문제로

이야기가 쉽게 흘러갑니다.

전문대학과 폴리텍을 둘러싼 논쟁도 마찬가지입니다.

겉으로 보면 역할이 겹쳐 보이고,

예산과 관할을 둘러싼 갈등처럼 보이기도 합니다.

하지만 현장에서 바라보면 질문은 조금 달라집니다.

"정말 문제는 누가 더 하는가일까?" 아니면

"각자가 해야 할 일을 제대로 하고 있는가"의 문제일까.

나는 오래전부터 인력 문제를 교육기관 간의 경쟁으로 보기보다

사람의 흐름을 어떻게 끊김없이 이어갈 것인가의

문제로 바라봐 왔습니다.

지역의 인력 위기는 어느 한 기관이 잘해서

해결될 수 있는 문제가 아닙니다.

오히려 각 기관이 비슷한 말을 하며 같은 곳을 바라볼 때,

정작 사람들의 이동 경로는 중간에서 자주 끊어집니다.

지역에는 이미 적지 않은 교육 자원이 있습니다.

문제는 부족이 아니라 엇박자입니다.

대학은 대학대로, 기업은 기업대로, 행정은 행정대로 움직이며

서로의 언어를 충분히 공유하지 못한 채

평행선을 달려왔습니다.

이 구조에서는 아무리 많은 정책과 예산이 투입돼도

현장은 늘 "사람이 없다"는 말로 되돌아옵니다.

이제는 시선을 조금 바꿀 필요가 있습니다.

경쟁이 아니라 분업의 지도를 그려야 할 때입니다.

지역 대학교는 지역 산업의 미래를 읽는 눈을 가져야 합니다.

어떤 기술이 사라지고, 어떤 일이 새로 생기며, 산업이

어느 방향으로 이동하고 있는지를 해석하는 역할입니다.

전문대학은 그 해석을 바탕으로 현장에서 바로 작동하는

중간 숙련의 허리를 단단히 세워야 합니다.

그리고 폴리텍은 현장 그 자체에서 사람이 실제로 기술을 익히고

다시 이동할 수 있도록 돕는 자리에 서 있습니다.

이론보다 실습이 필요한 사람들, 청년뿐 아니라 중장년과 재직자,

전환기의 한가운데에 선 이들이 다시 손을 움직이며

배울 수 있는 공간입니다. 이 역할들은 겹치는 것이 아니라 다릅니다.

위에서 설계하고, 가운데서 연결하며, 아래에서 실제로 작동시키는 일입니다.

문제는 이 역할이 분명히 나뉘어 있음에도

우리가 자꾸 같은 말을 같은 방식으로 하려 한다는 데 있습니다.

그래서 나는 직업교육에 인문학의 시선이 필요하다고 생각합니다.

인문학을 더하자는 말은 기술을 덜 가르치자는 뜻이 아닙니다.

사람의 이동을 하나의 삶의 이야기로 바라보자는 제안입니다.

누군가는 대학을 졸업하고도 다시 기술을 배웁니다.

누군가는 직장을 떠나 새로운 일을 준비합니다.

이 모든 이동은 실패가 아니라

이 시대가 요구하는 자연스러운 전환입니다.

문제는 그 전환을 개인의 책임으로만 남겨두느냐,
아니면 사회가 함께 설계하느냐의 차이입니다.
직업교육은 취업률이라는 숫자로만 평가될 일이 아닙니다.
사람이 어디에서 왔고, 어디로 이동하며,
다음 단계로 넘어갈 수 있도록 누가 어떻게 돕고 있는지를
함께 봐야 합니다. 그 흐름을 읽고 연결하는 일,
바로 거기에 인문학이 있습니다.

나는 폴리텍에서 일하며 더 분명히 느낍니다.
기술은 손으로 배우지만, 전환은 마음에서 일어납니다.
그래서 직업교육은 늘 기계 옆에 사람을,
기술 옆에 이야기를 함께 두어야 합니다.
같은 목표를 향해 다른 레일을 달리는 것은 문제가 아닙니다.
문제는 서로의 위치를 인정하지 않은 채
같은 레일 위에 서 있으려 할 때 생깁니다.
이제는 이렇게 묻고 싶습니다.
누가 더 가져가느냐가 아니라, 누가 어떤 역할을 맡아야
지역의 인력이 다시 흐를 수 있는가를.
직업교육에 인문학을 더한다는 것은
그 질문을 다시 중심에 놓는 일입니다.
그리고 나는 그 질문이 다음 세대의 노동과 교육을
조금 더 단단하게 만들 것이라 믿습니다.

노동이 마주한 새로운 경쟁에 대하여 ___________

폴리텍은 고용노동부 산하 기관입니다.

그러다 보니 캠퍼스를 걷다 보면 가끔은 자연스럽게

'노동'이라는 단어를 떠올리게 됩니다.

임금이나 고용 안정 같은 익숙한 이야기 말고,

이 시대의 노동은 지금 무엇과 마주하고 있는가라는

질문입니다.

우리는 오랫동안 노동의 문제를

협상과 보호의 언어로 이야기해 왔습니다.

그 언어는 산업화와 성장기의 한국 사회에서는

유효했습니다.

상대는 분명했고, 싸움의 구도 역시 비교적 단순했습니다.

하지만 인구가 줄고, 기술이 빠르게 진화하는 지금,

그 질문만으로는 설명되지 않는 장면들이

점점 늘어나고 있습니다.

그래서 나는 질문을 하나 바꿔보자고 제안하고 싶습니다.

"노동의 경쟁자는 누구인가."

이 질문은 1990년대 초,

한 글로벌 기업이 스스로에게 던졌던 질문과 닮아 있습니다.

나이키는 당시 세계 최고의 스포츠 브랜드였지만

그들은 안주하지 않았습니다. 그리고 스스로에게 물었습니다.

"우리의 경쟁자는 누구인가."

상식적인 답은 리복이나 아디다스였습니다.

그러나 나이키가 내린 결론은 전혀 달랐습니다.

그들이 지목한 경쟁자는 닌텐도였습니다.

운동화 회사의 경쟁자가 게임기라니,

처음엔 이해하기 어려운 판단이었지만, 논리는 분명했습니다.

아이들이 밖에서 뛰노는 대신 집 안에서 화면을 보며 게임을 한다면,

어떤 신발을 신느냐는 문제 자체가 사라진다는 것.

경쟁은 제품이 아니라 생활양식의 변화에서 벌어지고 있었습니다.

이 인식 전환은 나이키를 바꿨고, 결국 스포츠 브랜드의

역할 자체를 다시 정의하게 만들었습니다.

지금 한국 사회의 노동도 어쩌면 이와 비슷한 기로에 서 있습니다.

우리는 여전히 노동의 경쟁자를

사용자나 자본에서만 찾고 있는 것은 아닐까요.

물론 그 관계는 여전히 중요합니다.

하지만 전환기의 노동을 흔드는 힘은

그보다 더 깊은 곳에서 작동하고 있습니다.

일할 사람 자체가 줄어드는 인구 구조,

그리고 사람의 역할을 빠르게 대체하거나 재구성하는 기술 체계.

이 두 가지 변화는 노동의 협상 대상이 아니라

노동이 작동하는 조건 자체를 바꾸고 있습니다.

노동의 경쟁자는 더 이상 특정 집단이 아니라,

사람이 줄어드는 사회와 사람 없이도 돌아가도록 설계된 시스템입니다.

이 변화 앞에서 '유연성'이라는 단어는 자주 오해를 받습니다.

마치 권리를 포기하라는 말처럼 들리기도 합니다.

하지만 전환기의 유연성은 불안정의 다른 이름이 아닙니다.

그것은 일의 구조를 다시 설계할 수 있는 능력,

그리고 변화에 함께 학습하며 대응하는 힘을 뜻합니다.

숙련이 개인의 생존 전략으로만 남겨질 때,

기술 변화는 곧바로 배제로 이어집니다.

이동과 재배치를 다루지 못하는 노동은

인구 감소의 충격을 내부에서 흡수하지 못한 채

방어적으로 움츠러들 수밖에 없습니다.

그 결과 노동은 보호의 대상이 될 수는 있어도,

미래를 설계하는 주체로 남기 어렵습니다.

노동의 자기혁신이 필요하다는 말은

책임을 개인에게 떠넘기자는 주장이 아닙니다.

그것은 노동이 전환기의 객체가 아니라

주체로 남기 위한 최소한의 조건입니다.

일을 어떻게 정의할 것인가, 숙련을 어떻게 축적하고 나눌 것인가,

이동을 실패가 아닌 과정으로 받아들일 수 있는가.

이 질문에 노동이 참여하지 않는다면,

전환은 언제나 외부에서 설계될 수밖에 없습니다.

전환기의 질문은 결국 하나로 모아집니다.

'우리는 여전히 과거의 경쟁자와 싸우고 있는가,

아니면 이미 다른 경쟁의 장으로 이동했는가.'

인구 감소와 기술 혁신의 시대, 변화는 피할 수 없습니다.

그렇다면 선택지는 분명합니다.

'변화의 대상이 될 것인가 아니면 변화의 주체가 될 것인가.'

나는 폴리텍에서 일하며 이 질문이 결코 추상적이지 않다는 것을

매일 느낍니다.

노동을 다시 생각하는 일은

곧 사람의 삶을 다시 설계하는 일이기 때문입니다.

10

교직원들에게
털어놓는
속마음

,

'한국폴리텍대학'은 단순한 학교가 아닙니다.
산업의 뿌리를 지탱하는 기술 인재를 키우는 요람이자,
대한민국 경제를 떠받친 힘이었습니다.
수많은 기술자가 이곳에서 배움의 불을 지폈고,
그 불씨는 산업 현장에서 새로운 길을 열었습니다.
시대가 변해도 이 사명은 달라지지 않습니다.
오히려 기술의 진화 속도가 빨라질수록,
탄탄한 기본기를 갖춘 인재의 가치는 더욱 높아집니다.

이 글을 쓰는 이유는 단순합니다.
후배들에게 작은 이정표를 남기고 싶어서입니다.
나는 30여 년간 민간기업과 공직,
그리고 대학 현장에서 길을 걸었습니다.
그 길에서 얻은 확신은 하나입니다.
'기본을 지키는 자만이 미래를 준비할 수 있다.'
여기에 담긴 메시지는 단순한 충고가 아닙니다.
선배들이 흘린 땀과, 내가 경험한 수많은 실패와
도전이 남긴 흔적입니다.
후배들에게 부탁하고 싶은 것은 화려한 스펙이 아닙니다.
기술은 끊임없이 변하지만, 태도는 시대를 넘어 당신을 지켜줍니다.
자신의 일을 사랑하는 마음,
약속을 끝까지 지키는 힘,
변화 앞에서 도망치지 않는 용기.
이 세 가지는 어느 시대나 통하는 원칙입니다.

그리고 한 가지 더.

바쁜 하루에도 가끔은 멈춰 서서 스스로에게 물으십시오.

"나는 왜 이 길을 걷는가? 내 발자국은 어디로 향하는가?"

그 질문을 외면하지 않는다면,

당신은 이미 절반의 길을 완성한 것입니다.

오늘의 작은 땀이 내일의 자부심이 되고,

그 자부심이 당신의 경력을 빛나게 할 겁니다.

누군가의 손에 들린 수료증이 단순한 종이가 아니듯,

당신이 걸어온 발자국 하나하나가 결국 당신의 이름이 됩니다.

이 글이 그 길 위에서 잠시 숨을 고르게 하는

작은 벤치가 되길 바랍니다.

그리고 언젠가 당신이 또 다른 후배에게 묻기를 바랍니다.

"이 길에서 우리가 지켜야 할 가치는 무엇인가?"

그 질문을 이어가는 한,

폴리텍의 내일은 반드시 밝을 것입니다.

프로의 자부심, 그 무게를 다시 느끼며 ___________

어린 시절 학교 복도를 뛰다 교무실 문 앞에 서면
괜히 가슴이 두근거렸습니다.
혼날까 두렵다가도, 칭찬을 받는 날이면 그 공간은
세상에서 가장 든든한 의지처가 되곤 했지요.
대학에 들어서며 풍경은 달라졌습니다.
교학처, 행정처라는 이름은 어쩐지 멀게 느껴졌고,
권위의 기운만 어렴풋이 감돌았습니다.
그리고 지금, '한국폴리텍대학 화성캠퍼스'의 학장으로서
다시 그 문을 엽니다.
첫인상은 예상과 달랐습니다.
쇳소리 가득한 공간에 대학 행정의 뻣뻣함이 묻어 있는
차갑고 딱딱한 요새가 아니라,
오래전 교무실의 온기를 품은 공간이었습니다.
다만 한 가지 아쉬움이 남았습니다.
우리는 입학에서 취업까지, 대학의 맥박을 잇는 '프로'들인데
그 전문성과 자부심이 겉으로 충분히 드러나지 않는 듯
보였기 때문입니다.

혹시 너무 익숙함에 묻혀 스스로를

'특별하지 않은 존재'로 만들어 버린 건 아닐까, 하는 생각이

마음을 스쳤습니다.

행정과 교학은 대학을 지탱하는 심장입니다.

원서 한 장의 오탈자, 자격증 접수 마감일의 하루 차이,

현장실습 협약서의 도장 하나가 학생의 내일을 바꿉니다.

창구에서 건네는 3분의 안내, 한 통의 메일 문장,

전화기 너머 들려주는 목소리의 온도.

그 작은 것들이 대학의 인상을 만들고, 신뢰의 지반을 다집니다.

물론 캠퍼스에선 흐뭇한 모습을 더 많이 접합니다.

하루는 이런 장면을 보았습니다.

서류를 들고 망설이던 학생이 창구 앞에 서자,

직원이 먼저 일어나 말했습니다.

"어서 와요. 같이 확인해 볼까요?"

차분히 체크리스트를 훑고,

빠진 서류를 친절히 안내해 주었습니다.

학생은 고개를 깊게 숙이고 돌아섰습니다.

그 짧은 순간,

대학의 품격이 조용히 세워졌습니다.

프로의 일은 거창한 프로젝트 이름이 아니라,

이런 디테일에서 완성됩니다.

나는 회의 자리에서 이렇게 말했습니다.

"우리는 프로입니다. 일은 친근하게, 자세는 당당하게.

정확함과 따뜻함이 동시에 보이게 합시다."

당당함은 목소리를 높이는 일이 아닙니다.

약속 시간을 지키는 태도,

문서의 완결성을 지키는 습관,

데이터를 근거로 말하는 품격,

현장을 한 번 더 확인하는 끈기.

그런 디테일이 모여 '보이지 않는 권위'를 만듭니다.

친근함은 가벼움이 아닙니다.

상대의 사정을 이해하려는 눈빛,

어려운 절차를 쉬운 말로 풀어주는 문장,

바쁜 와중에도 이름을 불러주는 인사.

그 배려가 신뢰를 키웁니다.

이 말은 특히 교학처·행정처 후배들에게 꼭 전하고 싶습니다.

우리가 지키는 이 자리는 결코 '뒷자리'가 아닙니다.

대학을 움직이는 핵심입니다.

그 자부심이 표정에, 말투에, 문서 한 장의 완성도에,

현장 점검의 발걸음에 스며드는 순간,

우리의 존재는 더 또렷해집니다.

캠퍼스 어디서든 "폴리텍의 응대는 다르다"라는 말이

자연스레 나오게 합시다.

그것이 학생에겐 안심이 되고, 기업에는 신뢰가 되며,

동료에겐 귀감이 됩니다.

따뜻함과 단단함이 공존하는 자리.

그곳이야말로 진짜 프로의 자리입니다.

오늘도 우리는 그 무게를 조용히,

그러나 분명하게 어깨에 멥니다.

균형, 행복으로 가는 길 ________________

요즘 흔히 들리는 말, 워라밸Work & Life Balance이 있습니다.

하지만 실제로 일과 삶의 균형을 지키며 사는 사람은 얼마나 될까요?

현실은 녹록지 않습니다.

저울의 한쪽이 무겁게 기울면 결국 자신도, 주변도 힘들어집니다.

어떤 이는 일에 모든 시간을 바칩니다.

열정은 멋지지만, 어느 순간 삶의 다른 풍경이 사라짐을 느끼게 됩니다.

또 어떤 이는 개인의 여유를 지키려다,

함께 일하는 조직과의 관계가 소원해지기도 합니다.

어느 쪽이든 불균형은 오래가지 않습니다.

그렇다면 진짜 균형은 무엇일까요?

나는 '일과 삶, 두 바퀴가 함께 굴러야

행복한 길을 달릴 수 있다.'라고 생각합니다.

하지만 균형은 우연히 찾아오지 않습니다.

의식적인 선택과 관리가 필요합니다.

일과 삶을 동시에 지켜내려면,

그 안에 '나만의 시간'을 반드시 마련해야 합니다.

가족을 위한 시간은 물론이고,

자기 자신을 위해 쓰는 시간도 포함됩니다.

그것은 사치가 아니라 필요입니다.

작은 취미도 좋고, 새로운 공부도 좋습니다.

나를 성장시킬 무언가가 있어야 마음의 축이 바로 서고,

그 축이 삶 전체를 흔들림 없이 버티게 합니다.

저 역시 한때는 "이제 공부는 끝났다"라고 생각했습니다.

그런데 48세에 석사 과정을 시작했고, 53세에 박사 과정에 도전했으며,

56세에 박사학위를 받았습니다.

누군가는 말했습니다.

"그 나이에 왜?"

하지만 나에게 그 시간은 학위 이상의 의미였습니다.

그건 새로운 도전이었고,

잊고 있던 나를 다시 만나는 여정이었습니다.

그 도전 덕분에 나는 학문적 깊이뿐 아니라

내면의 균형을 다시 세웠습니다.

지금 늦깎이 나이에 대학의 강단에서

학생들과 강의로 만날 수 있게 된 힘도 그 시간에서 비롯됐습니다.

균형을 지키는 법은 멀리 있지 않습니다.

여유로울 때 절제하는 지혜, 바쁠 때 잠시 멈춰 숨을 고르는 용기,

그 작은 선택이 큰 균형을 만듭니다.

교직원 여러분, 특히 후배 여러분, 꼭 기억하세요.

자신에게 시간을 투자하는 건 결코 이기심이 아닙니다.

오히려 조직을 위해, 가족을 위해, 더 나은 미래를 위해

반드시 해야 할 투자입니다.

작게라도, 매일 같이 자신을 위한 시간을 챙기세요.

그 30분이, 그 작은 책 한 권이,

여러분의 내일을 단단하게 합니다.

균형을 지키는 사람만이 더 멀리, 더 행복하게 갑니다.

그 길 위에서 여러분의 인생이

더욱 빛나길 바랍니다

기본을 지키는 힘

가끔은 "우리가 진짜 잘해야 하는 기본은 무엇일까?"라는

질문을 던집니다.

폴리텍의 존재 이유는 명확합니다.

국가가 세운 직업교육훈련의 최전선,

산업 현장에 꼭 필요한 인재를 길러내는 국책대학.

이 서술 속에 세 가지 핵심 사명이 담겨 있습니다.

첫째, 배우기를 원하는 사람을 찾아내고, 그들의 가능성을 열어주는 일.

둘째, 그들을 제대로 가르쳐 당당한 기술인으로 키우는 일.

셋째, 준비된 인재를 기업과 연결해 새로운 가치를 만드는 일.

폴리텍에서는 이를 입시율, 양성률, 취업률이라는 이름으로 평가를 합니다.

그렇기에 어떤 이에겐 평가를 위한 도구이자

'숫자'만으로 남아 있을지도 모르겠습니다.

하지만 우리는 압니다. 이 숫자는 우리의 사명이자 존재 이유입니다.

학교의 명예는 말이 아니라 결과에서 옵니다.

현장에서 학생을 부르는 기업의 전화 한 통,

졸업식 날 부모님의 눈가에 맺히는 뿌듯함,

그 모든 장면의 바탕에는 흔들림 없는 기본이 있습니다.

얼마 전 학과평가 결과가 나왔습니다.

스마트자동차과는 전국 244개 학과 중 1등, 스마트전기과는 3등,

산업설비과는 16등을 기록했습니다.

부서평가도 행정처가 5위, 교학처가 10위에 올랐습니다.

반가운 소식입니다.

하지만 모든 학과가 다 만족스러운 건 아니었습니다.

몇몇 결과는 우리를 돌아보게 했습니다.

그럴 때마다 이런 질문을 던지게 됩니다.

"무엇을 놓쳤나? 기본이 흐트러진 건 없나?"

그래서 나는 회의 때마다 강조합니다.

"기본을 철저히 지키자. 기본이 곧 경쟁력이다."

새로운 시도도, 멋진 아이디어도 좋습니다.

그러나 학생을 뽑지 못한다면,

제대로 가르치지 못한다면,

좋은 일자리를 연결하지 못한다면,

그 모든 노력은 빛을 잃습니다.

기본을 지키는 힘은 디테일에서 시작됩니다.

입학 상담 창구에서의 첫인사,

자격증 시험 일정 하나를 정확히 챙기는 꼼꼼함,

실습장의 안전을 끝까지 확인하는 손길,

취업처를 발로 찾아다니는 성실함-

이 작은 움직임들이 모여 대학의 신뢰를 만듭니다.

기본은 거창하지 않습니다.

그러나 그 힘은 가장 강력합니다.

기본이 무너지면, 그 위의 모든 게 모래성입니다.

입학에서 취업까지 이어지는 이 긴 공정을

빈틈없이 설계하고, 실행하고, 점검하는 일.

그게 우리의 사명입니다.

기본을 지키는 것, 그것이 가장 확실한 혁신입니다.

그 기반 위에 우리는 새로운 도전을 더 할 수 있습니다.

화려한 문구가 아니라, 단단한 실행이

우리를 지킵니다.

역사를 품은 자긍심,
뿌리를 알아야 길을 잃지 않는다 _______________

캠퍼스의 첫날을 나는 잊을 수 없습니다.

임명장을 받고 교정에 들어섰을 때,

제 시야를 채운 건 화려한 신축 건물이 아니었습니다.

세월의 흔적이 묻은 강의동 벽,

학생들이 땀을 흘리며 기계와 씨름하는 모습,

그리고 운동장 한쪽에 묵묵히 서 있는 오래된 나무들.

겉으로 보면 평범한 하루 같았지만,

제 마음에는 깊은 울림이 있었습니다.

'이곳에는 시간이 있다. 역사가 있다.

이 뿌리를 놓치지 않는 한, 우리는 절대 흔들리지 않는다.'

폴리텍은 60년 넘는 역사를 품은 학교입니다.

1960년대, 나라가 가난하고 산업이 막 걸음을 떼던 시절,

직업훈련은 생존이었습니다.

한 사람의 손기술이 가정을 살리고, 한 장의 도면이 공장을 세웠습니다.

그 길을 걸어온 사람들이 바로 폴리텍의 선배들입니다.

오래된 기계에도, 낡아 보이는 실습장의 바닥에도,

그들의 땀과 희망이 스며 있습니다. 그 땀방울이 지금 우리의 기반입니다.

이 역사를 우리는 자랑해야 합니다. 왜냐고요?

정체성은 혁신의 뿌리이기 때문입니다.

뿌리를 모르는 변화는 바람 앞의 촛불처럼 흔들립니다.

하지만 뿌리를 이해하는 변화는 더 강력한 추진력을 가집니다.

폴리텍의 핵심 가치는 네 가지입니다.

수월성 – 기술에서 최고를 지향하는 태도,

혁신성 – 낡은 틀을 깨는 도전,

다양성 – 서로 다른 생각을 존중하는 문화,

공공성 – 이 모든 가치를 국민과 나누는 사명.

이 네 가지는 단순한 구호가 아닙니다.

우리가 나아갈 방향을 비추는 등불입니다.

기술인은 단순히 기계를 다루는 사람이 아닙니다.

국가의 산업을 떠받치고, 사회의 신뢰를 만드는 사람입니다.

우리가 자랑스러워할 이유가 여기에 있습니다.

언젠가 여러분이 후배에게 이렇게 말할 날이 올 겁니다.

"나는 폴리텍 출신이다."

그 말이 곧 신뢰의 증표가 되고, 자부심의 언어가 되도록

우리는 오늘도 역사를 품고 미래를 준비해야 합니다.

이 뿌리를 기억하는 자만이

더 멀리, 더 높이 나아갈 수 있습니다.

폴리텍의 뿌리 위에 여러분의 날개를 펼쳐보십시오.

역사를 안는 순간, 미래는 더 이상 두렵지 않습니다.

인구문제 대응에 폴리텍의 미래가 달렸다 _________

우리 사회는 지금 거대한 위기의 한가운데 서 있습니다.

그 이름은 인구 절벽입니다.

출생률은 세계 최저를 기록하고,

청년인구는 빠른 속도로 줄어드는 반면,

고령화는 세계에서 가장 가파른 속도로 진행되고 있습니다.

이 위기는 국가 경제뿐 아니라,

우리 폴리텍에도 깊은 그림자를 드리우고 있습니다.

더 이상 먼 미래의 이야기가 아니라,

지금 당장 해결해야 할 현실의 숙제입니다.

불과 얼마 전까지만 해도 전체 인구의 70% 이상을

차지하던 생산가능인구는 이제 줄어들기 시작했고,

2070년이면 40%대에 머물 전망입니다.

산업 현장은 이미 이 위기를 체감하고 있습니다.

스마트팩토리, AI, 반도체… 첨단기술이 산업을 바꾸고 있지만,

이 기술을 운용할 사람은 점점 사라지고 있습니다.

제조업은 한국 경제의 근간입니다.

그러나 숙련 기술 인력이 줄어들면,

경쟁력은 속절없이 약화될 것입니다.

여기서 폴리텍의 사명이 더욱 분명해집니다.

직업교육을 선도하고,

기업이 필요로 하는 인재를 안정적으로 공급하는 것.

이것이 우리가 존재하는 이유입니다.

하지만 그 방식은 달라져야 합니다.

과거의 틀로는 새로운 시대를 감당할 수 없습니다.

이를 위해선 몇 가지가 필요합니다.

첫째, 청년층 기술교육을 더 강하게 해야 할 것입니다.

폴리텍이 제공하는 직업훈련은 이제 '보완적 교육'이 아닙니다.

국가경쟁력을 지탱하는 핵심축입니다.

현장실습, 자격증, 맞춤형 커리큘럼.

모든 영역에서 기술 교육의 완성도를 높여야 합니다.

둘째, 교육의 외연을 넓혀야 합니다.

청년만 바라보는 시대는 끝났습니다.

경력단절자, 중장년, 신중년, 외국인 노동자까지.

우리의 교육대상은 이제 전 국민입니다.

이미 OECD 주요국은 노동시장의 빈틈을 채우기 위해

적극적으로 이민정책을 활용합니다.

우리도 외국인 근로자가 산업 현장에 안착할 수 있도록

언어·기술·문화교육을 아우르는 시스템을 설계해야 합니다.

셋째, 평생교육 플랫폼으로의 전환이 필요합니다.

한 번의 학습으로는 더 이상 충분하지 않습니다.

산업은 빠르게 변하고, 기술의 반감기는 점점 짧아집니다.

누구나 다시 배우고, 다시 도전해야 하는 시대입니다.

폴리텍은 그 중심 허브가 되어야 합니다.

온라인·하이브리드 학습, 단기 집중훈련, 직무 맞춤형 재교육.

교육 방식을 과감히 바꿔야 합니다.

위기는 곧 기회입니다.

인구 감소는 국가적 위기지만,

이 위기 속에서 폴리텍의 새로운 정체성을 세울 수 있습니다.

단순히 학생을 기다리는 대학이 아니라,

산업과 사회의 변화를 선도하는 교육플랫폼으로 거듭나야 합니다.

폴리텍은 더 이상 '기능대학'의 틀에 머물러선 안 됩니다.

대한민국 미래를 지탱하는 든든한 교육 인프라로

자리 잡게 해야 합니다.

인구 변화는 피할 수 없는 현실이지만,

그 안에서 기회를 만드는 건 우리의 선택입니다.

이제는 새로운 길을 설계할 때입니다.

기술과 사람을 연결하는 혁신의 길,

그 길을 우리는 만들어 가야 합니다.

결국, 지역 상생이 답이다

화성특례시는 지금 대한민국 산업 지도의 중심에서

빠르게 변화하고 있습니다.

10년 전 50만이던 도시가 100만을 넘어섰고,

25년부터 특례시로 새 출발을 했습니다.

경기도에서 기업이 가장 많고 GDP 1위를 기록하는

도시로 그 에너지는 엄청납니다.

그 중심에 우리 '한국폴리텍대학 화성캠퍼스'가 있습니다.

화성특례시는 전통 제조업과 첨단 산업이 공존하는 도시입니다.

산업설비, 전기, 기계부터 반도체·자동차·스마트팩토리까지

산업의 뿌리와 첨단이 함께 뛰는 드문 도시입니다.

이 도시에서 폴리텍의 역할은 단순한 교육에 머물러선 안 됩니다.

산업의 기반을 강화하고, 지역과 함께 성장하는

엔진이 되어야 합니다.

특히 화성특례시는 외국인 노동자가 급격히 늘고 있습니다.

이건 단순한 인구 변화가 아니라 산업 인력 구조의 재편을 의미합니다.

다문화·글로벌 환경에 맞춘 기술 교육은 선택이 아닌 필수입니다.

언어·문화 장벽을 낮추고, 산업 맞춤형 직업훈련을 설계해야 합니다.

이 과제를 누가 맡아야 할까요?

나는 바로 폴리텍이 맡아야 한다고 확신합니다.

그래서 나는 취임 이후 지역 경제인의 활동 근거지인

상공회의소의 회의와 각종 포럼에 거의 빠지지 않고 참석했습니다.

기업과 연결되지 않는 폴리텍은 존재 이유가 없습니다.

현장의 목소리가 교육을 바꾸고,

그 변화가 다시 산업을 살린다고 믿습니다.

앞으로 우리 캠퍼스는

지역과의 열린 활동 Open Base 과 협력을 더 강화할 것입니다.

교육은 교실을 넘어야 합니다.

담장을 열고, 산업 생태계와 연결되는 플랫폼으로 변해야 합니다.

리모델링 중인 기숙사를 지역 커뮤니티 공간으로 열고,

기업 멘토링·공동 프로젝트·현장 실습을 확대해

'산업—교육—지역'이 하나로 흐르는 길을 만들 것입니다.

상생은 구호가 아닙니다.

지역이 성장해야 학교도 성장합니다.

폴리텍의 길은 곧 지역의 길입니다.

우리가 만든 이 연결이 화성과 폴리텍의 내일을 결정합니다.

〈화성탐사〉라는 타이틀로 캠퍼스 교직원들과 소통을 했었습니다.

화성탐사는 이제 시작입니다.

100만 도시의 산업 지형도에

우리 이름을 분명히 새겨야 합니다,

'빈 의자'에 앉히자 폴리텍,
시대 변화의 주인공으로

25년 1월, 남원연수원에서 열린

확대경영전략회의의 풍경이 아직도 선명합니다.

겨울 햇살이 창을 비추던 그날, 전국의 학장들이 한자리에 모였습니다.

처음 참석한 자리라 어색했지만,

따뜻한 배려 덕분에 곧 긴장은 풀렸습니다.

회의는 곧 제 생각을 한 지점으로 이끌었습니다.

제 방 벽에 걸린 언어, K-SHIFT.

기술교육 SHIFT, 직업교육 SHIFT, 글로벌 SHIFT, 신뢰경영 SHIFT.

이 언어가 그날, 단순한 구호가 아님을 느꼈습니다.

이는 우리가 가야 할 길을 압축한 나침반이자,

우리 폴리텍이 다시 뛰어야 할 설계도였습니다.

저녁 자리에서 이사장님이 부르신 노래 '빈 의자'는

회의 못지않게 강한 울림을 주었습니다.

"서 있는 사람은 오시오, 나는 빈 의자…"

이사장님은 말씀하셨습니다.

"폴리텍은 누군가 편히 기댈 수 있는 빈 의자가 되어야 합니다."

그 순간 나는 생각했습니다.

빈 의자, 그건 단순한 자리가 아닙니다.

비워야 채울 수 있는 자리, 새로운 가능성을 품은 자리.

안주를 내려놓고, 변화를 맞이하는 용기가 앉는 자리입니다.

어쩌면 그 의자는 이렇게 말하고 있었는지도 모릅니다.

"익숙함을 비워야, 변화라는 손님을 맞이할 수 있다."

이제 질문을 바꿔야 합니다.

"변화를 대비할 것인가?"가 아니라

"우리가 그 변화를 만들 주인공이 될 것인가?"로.

기술은 하루가 다르게 바뀌고,

어제의 표준은 오늘 사라지고 있습니다.

AI, 로봇, 빅데이터. 이 변화는 경고가 아니라 초대입니다.

K-SHIFT는 그 초대에 응하는 우리의 전략입니다.

한국폴리텍대학

기술교육 SHIFT는 깊이를 더하는 초대,

직업교육 SHIFT는 평생을 준비하는 약속,

글로벌 SHIFT는 두려움을 넘어 연결하는 도전,

신뢰경영 SHIFT는 사람을 중심에 두는 원칙입니다.

이 네 가지는 단순한 비전이 아니라,

우리의 생존 조건입니다.

나는 '변화는 시스템에서 완성되지만,

그 시작은 언제나 사람의 의지에서 나온다'라고 믿습니다.

작은 선택 하나, 사소한 아이디어 하나가

내일의 폴리텍을 바꿀 수 있습니다.

'익숙한 길을 반복할 것인가, 아니면 더 나은 길을 열 것인가?'

이 질문을 스스로에게 던지는 순간,

우리는 변화를 따라가는 조직에서 변화를 만드는 조직으로 바뀝니다.

빈 의자가 전하는 메시지를 기억합시다.

그건 가능성의 은유이자, 도전의 신호입니다.

이제, 그 자리를 채울 주인공이 바로 우리입니다.

K-SHIFT는 더 이상 액자 속 단어가 아닙니다.

우리가 의지를 채워 넣는 순간, 미래는 이미 시작됩니다.

산업과 교육의 길목에서
다시 사람을 생각한다

책을 덮는 이 순간, 제 마음에 남는 것은 보고서의 숫자도, 성과의 표도 아닙니다. 함께 걸었던 사람들, 그들의 웃음과 땀, 그리고 말없이 건네준 신뢰입니다.

학교는 건물이 아닙니다. 사람입니다. 망설임을 넘어 용접봉을 잡은 청년, 기계를 배우며 다시 출발한 신중년, 낯선 도전을 즐기던 여성 재취업생, 그리고 그들을 지켜보던 교직원의 눈빛. 그 모든 얼굴이 이 기록의 주인공입니다.

이 길에서 배운 건 단순했습니다. 변화는 정책에서 오지 않습니다. 그것은 관계에서 시작되고, 작은 약속에서 힘을 얻습니다. 미래는 거창한 계획이 아니라 오늘의 성실한 실천 위에 세워진다는 사실도 잊지 않았습니다. 내가 본 캠퍼스의 사계절이 있습니다.

봄, 입학식에서 떨리던 목소리는 이제 자신감으로 바뀌었습니다. 여름, 실습장의 땀방울은 새 직장의 이름표로 이어져 갔습니다. 가을, 산책로에서 고민을 나누던 교직원은 오늘도 학생 곁을 지키고 있습니다. 겨울, 수료식장의 어깨를 두드리던 사람들은 각자의 자리에서 새로운 출발을 노래합니다. 그 사계절이 모여 학교의 역사가 되었고, 내 삶의 가장 빛나는 장면이 되었습니다.

"당신이 걸어가는 길은 누구와 함께입니까?
그리고 그 길 끝에 어떤 세상을 남기고 싶습니까?"
하루하루 이 질문을 품고 걸었습니다.
산업보다, 기술보다 결국 중요한 건 사람입니다.
그 믿음을 품고, 오늘도 이 길을 걷습니다.

당신과 함께, 더 따뜻한 내일을 향해.

직업교육인문학

글 강영환 | 발행인 김윤태 | 발행처 도서출판 선 | 북디자인 디자인이즈
등록번호 제15-201 | 등록일자 1995년 3월 27일 | 초판 1쇄 발행 2026년 4월 28일
주소 서울시 종로구 삼일대로 30길 23 비즈웰 427호 | 전화 02-762-3335 | 전송 02-762-3371

값 20,000원
ISBN 978-89-6312-641-8 03370